LOS CONCEPTOS EMOCIONALES DE LA LENGUA RUSA

Irina Votyakova Chubukova

Los conceptos emocionales de la lengua rusa

Granada, 2024

Colección indexada en la MLA International Bibliography desde 2005

EDITORIAL COMARES

INTERLINGUA
366

Colección fundada por:

EMILIO ORTEGA ARJONILLA Y PEDRO SAN GINÉS AGUILAR

Comité Científico (Asesor):

ESPERANZA ALARCÓN NAVÍO Universidad de Granada

JESÚS BAIGORRI JALÓN Universidad de Salamanca

CHRISTIAN BALLIU ISTI, Bruxelles

LORENZO BLINI LUSPIO, Roma

ANABEL BORJA ALBÍ Universitat Jaume I de Castellón

NICOLÁS A. CAMPOS PLAZA Universidad de Murcia

MIGUEL Á. CANDEL-MORA Universidad Politécnica de Valencia

ÁNGELA COLLADOS AÍS Universidad de Granada

MIGUEL DURO MORENO Universidad de Málaga

FRANCISCO J. GARCÍA MARCOS Universidad de Almería

GLORIA GUERRERO RAMOS Universidad de Málaga

CATALINA JIMÉNEZ HURTADO Universidad de Granada

ÓSCAR JIMÉNEZ SERRANO Universidad de Granada

ÁNGELA LARREA ESPIRAL Universidad de Córdoba

HELENA LOZANO Università di Trieste

MARIA JOAO MARÇALO Universidade de Évora

FRANCISCO MATTE BON LUSPIO, Roma

JAVIER MARTÍN PÁRRAGA Universidad de Córdoba

ANTONIO RAIGÓN RODRÍGUEZ Universidad de Córdoba

CHELO VARGAS-SIERRA Universidad de Alicante

MERCEDES VELLA RAMÍREZ Universidad de Córdoba

ÁFRICA VIDAL CLARAMONTE Universidad de Salamanca

GERD WOTJAK Universidad de Leipzig

ENVÍO DE PROPUESTAS DE PUBLICACIÓN:

Las propuestas de publicación han de ser remitidas (en archivo adjunto, con formato PDF) a alguna de las siguientes direcciones electrónicas: anabelen.martinez@uco.es, psgines@ugr.es

Antes de aceptar una obra para su publicación en la colección INTERLINGUA, ésta habrá de ser sometida a una revisión anónima por pares. Para llevarla a cabo se contará, inicialmente, con los miembros del comité científico asesor. En casos justificados, se acudirá a otros especialistas de reconocido prestigio en la materia objeto de consideración.

Los autores conocerán el resultado de la evaluación previa en un plazo no superior a 60 días. Una vez aceptada la obra para su publicación en INTERLINGUA (o integradas las modificaciones que se hiciesen constar en el resultado de la evaluación), habrán de dirigirse a la Editorial Comares para iniciar el proceso de edición.

Esta investigación se ha llevado a cabo gracias a la ayuda del Grupo de Investigación «Investigaciones de Filología Eslava» (HUM – 417), Centro de Culturas Eslavas y Departamento de Filología Griega y Filología Eslava de la Universidad de Granada y el Proyecto Erasmus + KA220 – HED «Innovación del concepto y los planes de estudio de los programas de doctorado para aumentar su efectividad» con referencia 2021-1-SK01-KA220-HED-000022917.

Polígono Juncaril • C/ Baza, parcela 208 • 18220 Albolote (Granada) • Tlf.: 958 465 382
https://www.comares.com • E-mail: libreriacomares@comares.com
https://www.facebook.com/Comares • https://twitter.com/comareseditor
https://www.instagram.com/editorialcomares

ISBN: 978-84-1369-705-5 • Depósito legal: Gr. 268/2024

Impresión y encuadernación: COMARES

Sumario

INTRODUCCIÓN 1

I. METODOLOGÍA DE LA INVESTIGACIÓN 3

II. CONCEPTOS EMOCIONALES EN LA VISIÓN DEL MUNDO EN RUSO. 9
   1. LOS TÉRMINOS "CONCEPTO", "VISIÓN LINGÜÍSTICA DEL MUNDO", "CONCEPTO EMOCIONAL" EN EL PARADIGMA CIENTÍFICO RUSO. 9
      A. Concepto como término científico 9
      B. El concepto de "visión lingüística del mundo" 11
      C. El concepto emocional como objeto de estudio 13
      D. Estructura del concepto 14
   2. EL CONCEPTO DE РАДОСТЬ "ALEGRÍA" EN LA VISIÓN DEL MUNDO EN RUSO 16
   3. CONCEPTO DE СТРАХ "MIEDO" EN LA VISIÓN DEL MUNDO EN RUSO 23
   4. CONCEPTO DE ГНЕВ "IRA" EN LA VISIÓN DEL MUNDO EN RUSO 30
   5. CONCEPTO DE УДИВЛЕНИЕ "SORPRESA" EN LA VISIÓN DEL MUNDO EN RUSO. 37
   6. EL CONCEPTO DE ПЕЧАЛЬ "TRISTEZA" EN LA VISIÓN DEL MUNDO EN RUSO. 44
   7. CONCLUSIONES. 49

III. CAMPO DE DERIVACIÓN DE CONCEPTOS EMOCIONALES 53
   1. CARACTERÍSTICAS BÁSICAS DEL CAMPO DE DERIVACIÓN DEL CONCEPTO 53
      A. Campo de formación de palabras. Estado de la cuestión 53
      B. Las características importantes de un campo de formación de palabras 56
      C. El "nido de formación de palabras" como objeto de estudio cognitivo 58
      D. Rasgos cognitivos de conceptos emocionales en la lengua rusa y el campo de derivación 60
   2. CAMPO DE DERIVACIÓN DEL CONCEPTO РАДОСТЬ "ALEGRÍA" EN LA LENGUA RUSA 61
   3. CAMPO DE DERIVACIÓN DEL CONCEPTO СТРАХ "MIEDO" EN LA LENGUA RUSA 66
   4. CAMPO DE DERIVACIÓN DEL CONCEPTO ГНЕВ "IRA" EN LA LENGUA RUSA. 77
   5. CAMPO DE DERIVACIÓN DEL CONCEPTO УДИВЛЕНИЕ "SORPRESA" EN LA LENGUA RUSA. 83
   6. CAMPO DE DERIVACIÓN DEL CONCEPTO ПЕЧАЛЬ "TRISTEZA" EN LA LENGUA RUSA. 89
   7. CONCLUSIONES. 95

REFERENCIAS BIBLIOGRÁFICAS 97

Introducción

La formación de palabras desempeña un papel importante en el proceso de conceptualización del mundo. Los nuevos conceptos que surgen en el curso de la actividad cognitiva requieren una representación lingüística, realizada a través de palabras nuevas y de las creadas a partir del material existente. Estos conceptos se convierten en "una parte integral del sistema conceptual, creando, a su vez, una base para el desarrollo posterior y manteniendo los nexos derivativos con las estructuras originales" (Babina, 2003: 5) [1].

Los conceptos emocionales están presentes en la visión del mundo de cualquier lengua, ya que la capacidad inherente de expresar emociones es universal. La experiencia mental, que abarca tanto los conceptos ya establecidos como los nuevos conceptos e impresiones que van emergiendo, incluye no solo los conceptos intelectuales abstractos, sino también fenómenos como las sensaciones emotivas, cinéticas y sensoriales en las que se percibe el contexto físico, social y lingüístico de los acontecimientos discursivos (Langacker, 1992). Los conceptos emocionales dan forma a la visión del mundo y tienen características emotivas, valorativas y evaluativas. Cada término emocional (ira, alegría, miedo, tristeza, etc.) es en realidad una invitación a establecer inferencias y reconstruir en la mente del oyente la información que no se ha dicho explícitamente, pero que probablemente sea parte de lo ocurrido (Soriano, 2016). Las diferentes manifestaciones lingüísticas que sirven para expresar las emociones son portadoras de significado, y así nos muestran la perspectiva sobre tales emociones seleccionada por el hablante dentro de las posibilidades ofrecidas por la lengua (Gómez, 2019).

Un concepto emocional es "una entidad estructural y semántica compleja, condicionada étnica y culturalmente, generalmente verbalizada léxica y/o fraseológicamente" (Krasavsky, 2008: 25). Como todo concepto, tiene una estructura bastante ordenada que representa el resultado de la actividad cognitiva del individuo y de la sociedad, y que

---

[1] Todas las traducciones del ruso al español son responsabilidad de la autora.

conlleva una información compleja y completa sobre el tema o el fenómeno expuesto, sobre la interpretación de esta información por parte del público y sobre la actitud de este ante el fenómeno o el objeto en cuestión (Popova, 2007).

La descripción de la estructura de los conceptos es una parte importante de la investigación en lingüística cognitiva. La estructura de campo del concepto se debe al carácter sistemático y organizado de los medios lingüísticos que lo representan. La identificación del campo nominativo como un conjunto sistemático de "medios lingüísticos que objetivan (verbalizan, representan, exteriorizan) un concepto en un periodo determinado del desarrollo de la sociedad" (Popova, 2007: 47) revela su compleja naturaleza y permite la incorporación de diferentes tipos de grupos, también con una estructura de campo: campo asociativo, campo léxico-semántico, campo léxico-fraseológico, campo paremiológico y campo derivativo entre las que, en nuestra opinión, la menos desarrollada es la metodología de análisis del campo de formación de palabras de un concepto.

El objetivo de esta investigación es estudiar el campo de derivación de los conceptos emocionales *радость* "alegría", *страх* "miedo", *гнев* "ira", *удивление* "sorpresa" y *печаль* "tristeza" en la lengua rusa.

El presente trabajo incluye las siguientes partes:

- **Metodología de investigación,** donde vemos los métodos que usamos en nuestro estudio.
- **Conceptos emocionales de la lengua rusa,** donde al inicio analizamos el estado de la cuestión de los términos como "concepto", "visión lingüística del mundo" y "concepto emocional" en el paradigma científico ruso, así como la discusión sobre la estructura del concepto. En segundo lugar, analizamos cada concepto emocional según nuestra metodología de trabajo.
- **Campos de derivación de conceptos emocionales** donde analizamos las características básicas del campo de formación de palabras del concepto y los rasgos cognitivos de conceptos emocionales basándonos en el campo de derivación. En segundo lugar, estudiamos los campos de derivación de cada concepto emocional.
- **Referencias bibliográficas.**

I
Metodología de la investigación

En la primera etapa del presente trabajo los conceptos emocionales se estudian normalmente a partir del análisis semántico, contextual, etimológico y derivativo de las palabras de las nominaciones directas del concepto. Son los principales medios a través de los cuales se presenta el concepto en el discurso. Se analizará la mayor cantidad posible de artículos de diccionarios y se seleccionarán todas las características posibles del concepto.

Además, tendremos en cuenta otras unidades que realizan la verbalización básica del concepto. Por ejemplo, veremos los diversos aspectos de las relaciones sinonímicas, ya que permiten comprender que en los grupos sinonímicos se refleja de forma bastante expresiva lo potencial, lo nuevo o lo estereotipado, así como lo importante o lo irrelevante en diferentes condiciones del acto comunicativo.

No sólo la cantidad, sino también "las características cualitativas y la frecuencia de uso de los miembros de la serie sinonímica se interpretan como un indicador del interés real de los hablantes nativos por un concepto concreto y la realidad actual" (Pokrovskaya, 2008: 5). En este caso pueden utilizarse como criterios la frecuencia de las palabras en cuestión, la monosemia, la representación del concepto en la lengua, la notoriedad y el significado para un hablante nativo.

El análisis de la compatibilidad léxica de las palabras que representan un concepto es un componente importante en el estudio del concepto. Un análisis detallado de las clases de palabras con las que se combina la palabra en cuestión permite establecer las características más importantes del concepto correspondiente. Al analizar la compatibilidad léxica de una palabra clave se obtiene un conjunto de rasgos semánticos que caracterizan, en gran medida, el propio concepto.

El principal material utilizado para nuestro estudio son los datos del *Национальный корпус русского языка* "Corpus nacional de la lengua rusa" (en adelante, Corpus nacional), que consiste en un sistema de información y referencia basado en la recopilación de textos rusos en formato electrónico. En nuestro trabajo para cada concepto se analizarán más de 500 muestras aleatorias de los materiales del Corpus nacional que actualmente cuenta con más de mil millones de palabras y abarca principalmente el período entre mediados del siglo XVIII y principios del siglo XXI en diferentes variantes sociolingüísticas y de registro: literaria, coloquial y parcialmente dialectal. El corpus incluye obras literarias (narrativa y teatro, en el futuro se prevé incluir la poesía) originales (no traducciones) que son relevantes desde el punto de vista cultural y lingüístico. Sin embargo, el Corpus nacional no es solo un corpus de la lengua literaria. Además de narrativa y teatro, el corpus incluye un gran número de ejemplos de lenguaje escrito (y para la etapa moderna, también oral): memorias, ensayos, textos periodísticos, literatura popular y científica, discursos públicos, correspondencia privada, diarios, documentos, etc.

Como hemos señalado antes en nuestra investigación, usamos los datos de los diccionarios de la lengua rusa:

- Diccionario de la Academia Rusa (en adelante DAR),
- Diccionario de la Lengua Eslava Eclesiástica y Rusa (en adelante DLEER),
- Diccionario de la Lengua Rusa de los Siglos XI – XVII (en adelante DLR),
- Diccionario de Eslavo Antiguo (de Manuscritos de los Siglos X – XI (en adelante DAE),
- Diccionario de Formación de Palabras de la Lengua Rusa de Tikhonov A.N. (en adelante Diccionario de Tikhonov),
- Diccionario de Frecuencias de Palabras de la Lengua Rusa Moderna de Lyashevskaya O.N., Sharov S.A. (en adelante Diccionario de Frecuencias),
- Diccionario Explicativo de la Lengua Rusa Viva de Dal V.I. (en adelante Diccionario de Dal),
- Diccionario Explicativo de Ushakov D.N. (en adelante Diccionario de Ushakov),
- Diccionario Explicativo de Ozhegov S.I. (en adelante Diccionario de Ozhegov),
- Diccionario Moderno Explicativo de la Lengua Rusa de Efremova T.F. (en adelante Diccionario de Efremova),
- Diccionario de la Lengua Rusa de Evgenieva A.P (en adelante Diccionario de Evgenieva),
- Diccionario de Psicología de Koporulina V.N., Smirnova M.N., Gordeeva N.O., Balabanova L.M. (en adelante Diccionario de Koporulina),
- Diccionario de la Mentalidad Rusa de Kolesov V.V., Kolesova D.V., Haritonov A.A. (en adelante Diccionario de Kolesov),
- Diccionario Etimológico Online de Krylova G.A. (en adelante Diccionario de Krylova),
- Diccionario Etimológico Escolar Online de Uspensky (en adelante Diccionario de Uspensky),
- Diccionario Etimológico Online de la Lengua Rusa de Max Fasmer (en adelante Diccionario de Fasmer),
- Diccionario Etimológico Online de la Lengua Rusa de Shansky N.M. (en adelante Diccionario de Shansky),

- Diccionario Etimológico de la Lengua Rusa "Lengua Rusa de A hasta Ya" de Semenov A.V. (en adelante Diccionario de Semenov),
- Diccionario de Sinónimos de la Lengua Rusa de Aleksandrova Z.E. (en adelante Diccionario de Aleksandrova),
- Diccionario Histórico-Etimológico de la Lengua Rusa Actual de Chernykh P.Ya. (en adelante Diccionario de Chernykh),
- Gran Diccionario Explicativo de la Lengua Rusa de Kuznetsov S.A. (en adelante Diccionario de Kuznetsov),
- Materiales para el Diccionario de la Lengua Antigua Rusa recogidos de los Documentos de Sreznevsky I.I. (en adelante Diccionario de Sreznevsky).

El análisis incluirá datos publicados en el marco de metodologías experimentales, en particular del método llamado "de experimento asociativo libre", que permite detectar aquellos aspectos cognitivos del concepto que otros métodos no pueden revelar. Los resultados del experimento asociativo libre aportan información importante sobre la importancia del género, edad y competencia profesional en la comprensión del significado de lexemas que representan los conceptos en la lengua.

De esta manera, el uso de dicha metodología nos permite obtener una aproximación al contenido del concepto en la mente de los hablantes nativos, ya que ningún estudio puede considerarse completo, puesto que ningún concepto se expresa plenamente en el discurso. Un concepto no es una unidad rígidamente estructurada. El análisis lingüístico no puede revelar y fijar todos los medios de representación del lenguaje y del habla de un concepto en el lenguaje. Siempre queda algo sin fijar y, por lo tanto, sin considerar. Cualquier concepto contiene atributos cognitivos que no encuentran expresión verbal en el lenguaje (Zaharova, Scherbina, 2013); cualquier concepto se halla en desarrollo y sus márgenes se caracterizan por la movilidad y la apertura.

Este estudio preliminar nos permitirá mostrar la similitud de los rasgos cognitivos de los conceptos emocionales básicos que se han identificado a partir de la compatibilidad. Por el rasgo cognitivo del concepto entendemos, según Popova y Sternin (2017), un criterio de su categorización, que refleja el contenido del concepto y resume los atributos homogéneos diferenciales en su estructura. Estos rasgos cognitivos, en nuestra opinión, permiten clasificar los conceptos.

Sostenemos que estos rasgos cognitivos también deben manifestarse directa o indirectamente en la estructura del campo de formación de palabras del concepto emocional, determinando el contenido de sus microcampos y la naturaleza de los derivados.

En la segunda etapa analizamos los campos de formación de palabras de los conceptos emocionales.

Al comienzo del estudio, siguiendo un procedimiento formal, todos los derivados van a ser divididos en grupos con un significado de formación de palabras común. En este caso, podemos tener en cuenta en primer lugar la naturaleza de la base derivada, así como la capacidad de transmitir características adicionales. En nuestra opinión, la pertenencia de un derivado a una determinada parte de la oración y el nivel de formación en la estructura del nido de formación de palabras pueden no tener una importancia fundamental en el análisis sustantivo, aunque el propio estudio del proceso de derivación en las diferentes etapas de formación del nido puede tener un interés científico para el estudio de las potencialidades.

El segundo paso estudia la relación sistémica de los microcampos, su lugar e importancia en la estructura del campo de formación de palabras. Una palabra derivada con un significado de formación de palabras en este caso refleja una cierta interpretación común de las realidades existentes, donde al elegir una expresión o construcción particular el hablante crea una situación imaginaria de una manera determinada, es decir, elige una imagen específica (de un conjunto de alternativas) para estructurar su contenido conceptual con fines expresivos (Langacker, 1992). De este modo, también prestaremos atención a los posibles paradigmas de formación de palabras, es decir, a los sistemas de derivados que representan un concepto en una posición semántica determinada.

El paradigma de formación de palabras es una expresión de los significados derivativos de las palabras de una determinada parte de la oración que pertenecen a un único grupo léxico-semántico. Un paradigma de formación de palabras describe el potencial de formación de palabras de una palabra concreta y refleja su valor derivativo. La presencia de lagunas indica, o bien la especificidad nacional del fenómeno de la realidad, o bien la falta de interés real por éste. Cabe destacar que en nuestro estudio no distinguiremos entre los derivados formados con la ayuda de afijos formadores de palabras y aquellos afijos de formas gramaticales.

Además, el presente trabajo incluirá datos sobre el análisis de los nidos de formación de palabras de los sinónimos, ya que estos últimos tienen la capacidad de sustituirse entre sí y, en este caso, la interacción de los nidos de formación de palabras en el proceso de representación de los conceptos se manifiesta ampliamente. Como hemos señalado anteriormente, los microcampos que se distinguen en el campo de la formación de palabras pueden no tener límites claros, ya que los tipos de formación de palabras interactúan entre sí a nivel morfémico y semántico. Esta relación se manifiesta en la presencia de rasgos idénticos y diferentes entre los afijos, lo que se refleja en los fenómenos de sinonimia, antonimia, motivación derivada mediada, etc. Los microcampos pueden superponerse, formando zonas de transición gradual (Kaverina, 1992, Dyachkova, 2008). Los sinónimos tienen relaciones más estables y, por regla general, algo que no es casual, se caracterizan por tener rasgos gramaticales idénticos.

Por ejemplo, una interacción semejante se revela en la existencia de relaciones semánticas más estrechas entre palabras derivadas – miembros de distintas familias de palabras. Compárese: *страх* "miedo" — *бояться* "temer"— *трус* "cobarde" en lengua rusa.

Otro criterio importante debería ser la regularidad del uso de una palabra derivada, que puede identificarse con bastante facilidad a partir de los corpus lingüísticos. A lo largo de nuestro análisis de los nidos de formación de palabras, encontramos derivados "no vivos", registrados en los diccionarios de formación de palabras, cuya frecuencia de uso, según los diccionarios de frecuencia, es nula o casi nula. En nuestra opinión, la frecuencia de uso debe considerarse como un conjunto de todos los factores, ya que, por un lado, indica cambios importantes en el sistema léxico de la lengua y en las preferencias de los hablantes, y, por otro lado, también debe tenerse en cuenta el potencial de formación de palabras realizado sobre los miembros "pasivos" del nido de formación de palabras, que también hay que tener en cuenta.

La novedad del método propuesto consiste en que la construcción de un modelo de campo de derivación de un concepto permite hablar del carácter específico de este tramo de campo de nominación, describir los procesos de derivación, demostrar una interacción de los distintos modos de derivación e intentar averiguar la dependencia de la estructura de un campo de derivación del tipo de concepto.

II
Conceptos emocionales en la visión del mundo en ruso

1. **LOS TÉRMINOS "CONCEPTO", "VISIÓN LINGÜÍSTICA DEL MUNDO", "CONCEPTO EMOCIONAL" EN EL PARADIGMA CIENTÍFICO RUSO**

A. **Concepto como término científico**

El término "concepto" desde hace ya cierto tiempo forma parte de la terminología tanto de la *lingüística* cognitiva como de la *lingüística* transcultural (Arutyunova, 1999; Babushkin, 1996; Wierzbitska, 1997; Kubryakova, 1994; Lakoff, 1988; Minsky, 1979; Popova, I.A. Sternin, 1999; Stepanov, 1997 y otros). Sin embargo, a pesar de su amplia divulgación, aún no ha recibido una definición científica unívoca.

Existen diversas aproximaciones a la interpretación del término "concepto". Por ejemplo, algunos investigadores se centran en el contraste entre "concepto" y "noción". Según Y.S. Stepanov (1997), estos términos pertenecen a campos científicos distintos. A.V. Kirillina (1999), por el contrario, utiliza el término "concepto" como sinónimo de "noción", indicando que ambos términos no coinciden completamente en la definición del diccionario y su significado incluye tanto rasgos con valor general, por ejemplo, los referentes a la experiencia colectiva, como rasgos de valor individual, como la conciencia individual, vinculada a la experiencia vital del individuo. Tras analizar las conclusiones de sus predecesores, M.V. Pimenova (2004) introduce la idea de que las definiciones que identifican un concepto con cualquier término existente (noción, idea, significado, sentido, étimo, palabra) no determinan el lugar de este fenómeno en el sistema lingüístico y afirma que el concepto es una unidad del nivel émico (comparable con el fonema, el lexema, el morfema, etc.), que en el nivel ético se representa mediante el significante (contenido y alcance del concepto), el significado léxico y la forma interna de la palabra (modo de representación del contenido extralingüístico).

El "concepto" también se aborda como una esencia mental y como el resultado de la percepción de la realidad que tiene el ser humano. Según E.S. Kubryakova, el concepto sirve para explicar las unidades mentales o los recursos psicológicos de la consciencia, así como de la estructura informativa que refleja el conocimiento y la experiencia de una persona. En otras palabras, es "la unidad de contenido operativo de la memoria, el léxico mental, el sistema conceptual y el lenguaje del cerebro, la imagen completa del mundo reflejada en la psique humana" (Kubryakova, 1997: 90). N.A. Krasavsky (2001) señala que el concepto concentra los resultados de la percepción del mundo por el ser humano. Asigna al concepto las funciones de construcción íntegra y conjunta que se fijan en la forma verbal del propio concepto, en el valor que tiene para el portador del mismo y en las imágenes que genera en su conciencia lingüística. E.A. Kudinova (2008: 49) propone una definición similar. Define el concepto como una determinada construcción del pensamiento ya existente en la conciencia de la persona, que sustituye el término lógico "noción" y también sustituye el término lingüístico "significado" por ser puramente "semántico".

D.S. Lihachev (1997) señala que un concepto no es asignable a una palabra, sino a cada significado básico (de diccionario) de una palabra. Propone considerar el concepto como una expresión algebraica del significado con la que un individuo opera en su discurso escrito y hablado, ya que éste en algunas ocasiones no puede abarcar su significado completo y lo interpreta a su manera.

Por su parte, Z.D. Popova (2007: 19) distingue entre los términos "concepto" y "significado"; según ella, el concepto es una unidad de la "conceptosfera" y un elemento de la conciencia cognitiva (común), mientras que el significado es una unidad del campo semántico del lenguaje y pertenece a la conciencia lingüística.

S.G. Vorkachev (2002), en su revisión de las diferentes definiciones del concepto en la lingüística, concluye que el concepto es una unidad de conocimiento/conciencia colectiva (que hace referencia a valores espirituales superiores), tiene una expresión lingüística y está marcada por características etnoculturales. V.I. Karasik (2002) también señala el componente valorativo. Los valores son los puntos de referencia más elevados que determinan el comportamiento de las personas y constituyen la parte más importante de la imagen lingüística del mundo. Desde el punto de vista lingüístico, pueden describirse en forma de conceptos culturales, como formaciones socio-psíquicas multidimensionales y culturalmente significativas en la conciencia colectiva que se expresan en determinada forma lingüística.

Basándose en las definiciones del concepto propuestas por otros científicos, V.A. Maslova (2008) destaca los siguientes rasgos invariables: es una unidad mínima de la experiencia humana en su versión ideal realizada mediante palabras y con una estructura de campo; es la unidad básica de procesamiento, almacenamiento y transferencia del conocimiento; el concepto tiene límites flexibles y funciones específicas; el concepto es un elemento social, su campo asociativo determina su pragmática; es la unidad básica de la cultura. Los conceptos forman un sistema conceptual, y los signos del lenguaje humano codifican en palabras el contenido de este sistema. A partir de sus conclusiones, V.A. Maslova propone la siguiente definición de concepto: "una formación semántica, marcada por la especificidad lingüística y que, de una manera u otra, caracteriza a los portadores de una determinada etnocultura" (Maslova, 2008: 50). En esta línea, Y.S.

Stepanov (2001) ya había señalado que el concepto es "un elemento de la cultura en la conciencia humana", una especie de esencia que entra en el mundo mental de una persona y, a través de la cual, la persona entra en la cultura. Al mismo tiempo el concepto puede, en algunas ocasiones, influir en la cultura. L.V. Kalashnikova (2008) también señala el carácter etno-cultural del concepto. En su opinión, es necesario relacionar las unidades semánticas con la personalidad lingüística.

En el presente trabajo no pretendemos dar una definición propia de este término, ya que no es objeto de nuestra investigación y desbordaría los límites de nuestro estudio. Adoptamos la propuesta de Popova y Sternin, teniendo en consideración que el concepto es

> "una formación mental discreta, una unidad básica del código de pensamiento humano que tiene una estructura de imagen y está relativamente ordenada. El concepto es el resultado de la actividad cognitiva de los individuos y de la sociedad y lleva consigo información compleja y enciclopédica sobre el objeto o fenómeno mostrado, incluyendo la interpretación de esta información por parte de la conciencia colectiva y la actitud de dicha conciencia colectiva ante este fenómeno u objeto" (Popova, Sternin, 2007: 34).

Elegimos esta definición por ser la que mejor se adecua al objetivo del presente estudio.

B. El concepto de "visión lingüística del mundo"

El lenguaje refleja una determinada forma de percepción y organización del mundo, es decir, forma una imagen lingüística del mundo. Según S.G. Vorkachev (2001), la expresión "visión lingüística del mundo" es poco concreta, ya que la visión del mundo, recopilada sólo a partir de los datos semánticos del lenguaje, es muy esquemática. Está formado sólo por los rasgos distintivos que subyacen en la categorización y nominación de los objetos, fenómenos y de sus propiedades, y se regula, por tanto, mediante el conocimiento empírico de la realidad de los hablantes de una lengua natural.

Es necesario distinguir entre los conceptos "visión del mundo" y "visión lingüística del mundo". En los trabajos de diferentes investigadores se puede encontrar las siguientes definiciones de la "visión del mundo" como:
- conjunto de representaciones y conocimientos que los humanos tienen del mundo (Krasavsky, 2001);
- la imagen holística y global del mundo, que es el resultado de toda la actividad espiritual de una persona", la cual surge "a partir de todos sus contactos con el mundo (Maslova, 2008);

y de "la visión lingüística del mundo":
- las nociones, conceptos y conocimientos humanos formados por los signos verbales correspondientes (Krasavsky, 2001);
- la forma de conceptualización o división del mundo y su determinación mediante los recursos verbales del lenguaje (Bobrihin, 2011);

- el conjunto de conocimientos sobre el mundo, fijados por los "signos lingüísticos" y reproducidos cuando se utilizan estos signos (por ejemplo, en un experimento asociativo libre) (Fisenko, 2005);
- la totalidad de las ideas sobre la realidad registradas en las unidades lingüísticas en una determinada etapa del desarrollo de la población (la idea de la realidad reflejada en los significados de los signos lingüísticos es la división lingüística del mundo, la ordenación lingüística de los objetos y los fenómenos, la información sobre el mundo implícita en los significados sistémicos de las palabras) (Popova, 2007).

A.D. Shmelev cree que en este caso se trata de ideas sobre la visión del mundo que son propias de los nativos de la lengua y cultura siendo percibidas por ellos como algo evidente. Estas representaciones se reflejan en la semántica de las unidades lingüísticas. Por lo tanto, un hablante nativo adquiere estas representaciones al mismo tiempo que adquiere la lengua y el significado de las palabras (Zaliznyak, Levontina, Shmelev, 2005). El concepto no surge directamente del significado de la palabra, sino como resultado de la colisión del significado de la palabra con la experiencia personal y colectiva de una persona. "El concepto se enriquece cuando se amplía la experiencia nacional [1], de género, profesional, familiar y personal de la persona que lo utiliza" (Lihachev, 1997: 282).

La visión lingüística del mundo está estrechamente relacionada con el sistema conceptual y con el lenguaje. La imagen conceptual del mundo es más amplia que la lingüística, ya que no todo el contenido conceptual obtiene su denotación en el lenguaje, y no todos los conceptos se convierten en objeto de comunicación. La visión conceptual del mundo incluye no sólo las estructuras conceptuales que codifican el conocimiento sobre el mundo real, sino también las estructuras conceptuales evaluativas que reflejan la imagen valorativa del mundo humano.

Una misma lengua y una misma experiencia sociohistórica forman imágenes lingüísticas del mundo similares en los miembros de una determinada sociedad, lo que nos permite hablar de una determinada visión lingüística nacional generalizada del mundo (Maslova, 2008). T.S. Medvedeva (2009) señala que, al comparar la objetivación lingüística de los conceptos universales en dos lenguas, se revela la peculiaridad nacional y cultural de estos conceptos debido a las diferencias en la escala de valores de las comunidades nacionales y culturales (imagen valorativa del mundo) y, por último, las diferencias en las mentalidades, que se manifiestan en el comportamiento comunicativo de los hablantes de las lenguas y culturas. V.I. Karasik (2014) también comenta la visión valorativa del mundo. En su opinión, los objetos y fenómenos más importantes de la

---

[1] *Nacional* en ruso puede significar "perteneciente o relativo a una nación, un país o una región, donde viven las personas que pertenecen a esta nación" "natural de una nación, en contraposición a extranjero", "popular, de pueblo".

vida de las personas reciben una nominación diversa y detallada. La diferencia entre la representación de ciertos conceptos en las imágenes valorativa en diferentes lenguas se expresa en mayor medida no en la presencia o ausencia de ciertos atributos, sino en la frecuencia de estos atributos y su combinación específica.

Algunos investigadores hablan de la existencia de conceptos claves o básicos. Creen que la visión lingüística del mundo está formada por el sistema de dichos conceptos y las ideas claves invariables que los vinculan, es decir, las ideas importantes para una lengua concreta (Zaliznyak, Levontina, Shmelev, 2005). V.I. Karasik (2002, 2014) adscribe los conceptos anteriores a los culturales, considerando que se diferencian por la pertenencia a uno u otro estrato social.

Por lo tanto, cada lengua se caracteriza por la aparición de "connotaciones específicas" y por su forma de conceptualizar el mundo, que define un sistema unificado de puntos de vista y abarca todos los aspectos de la vida (Sanina, 2009). Esto contribuye a que la conciencia destaque alguna visión completa y generalizada del mundo (Aliferenko, 2002). El estudio de los aspectos específicos de la mentalidad de los distintos grupos sociales y pueblos se hace posible al recurrir a la lengua nacional, que refleja la cultura de las personas que la hablan.

C. **El concepto emocional como objeto de estudio**

En el marco de la lingüística cognitiva, que estudia cuestiones relacionadas con el conocimiento y la conciencia, el desarrollo de métodos y formas de modelación conceptual de los eventos y fenómenos del mundo que nos rodea se encuentra en el centro de atención de los estudios científicos. Al mismo tiempo, uno de los problemas más debatidos es el de la conceptualización de la emoción, la relación entre emoción y cognición y la descripción de los conceptos emocionales. No cabe duda de que las emociones ocupan un lugar importante en la conceptualización de cualquier lengua. Son un fenómeno sociocultural con múltiples funciones, entre ellas la cognitiva.

Las emociones son "un tipo de pasión humana" que penetran en todas las esferas de la vida y se reflejan en todos los niveles del lenguaje (Shakhovsky, 2010). Las emociones acompañan cualquier actividad comunicativa de una persona desde el momento de su nacimiento hasta su fallecimiento. Al estudiar el plano emocional de los individuos, los lingüistas se encuentran con dificultades relacionadas con el hecho de que las emociones son un fenómeno intrapsíquico. Las emociones de una persona emanan de su actividad intelectual y se mezclan con ella. La propia palabra "emoción" significa experiencia mental, excitación, sentimiento. La ciencia moderna define las emociones como la reflexión mental en forma de experiencia subjetiva directa de los fenómenos y las situaciones en su relación con las necesidades del individuo (Koporulina, Smirnova, Gordeeva, Balabanova, 2003).

La emoción es el núcleo de la personalidad lingüística. El reflejo de la personalidad lingüística en el sistema léxico-semántico de la lengua tiene lugar a través de las evaluaciones emocionales verbales. Desde el punto de vista de E.N. Tokareva (2005), la emoción es una categoría psicológica y la emocionalidad es una categoría lingüística. V.A. Maslova (2008) también trata esta cuestión. Entiende la emocionalidad como una característica psicológica de la personalidad, el estado y el nivel de desarrollo de su plano emocional. La emotividad, desde su punto de vista, es una característica lingual de una palabra o frase, capaz de producir un efecto emotivo, provocando las emociones adecuadas en la personalidad lingüística.

Socializadas en una cultura particular, las emociones forman conceptos emocionales, que actualmente son estudiados por la lingüística cognitiva sobre la base de diferentes idiomas (Nevzorova, Volostnykh, 2009).

Según Krasavsky N.A. (2001) entendemos el concepto emocional como una formación étnica y cultural, de estructura y semántica compleja, y en general, verbalizada a través del léxico y/o la fraseología, fundamentada en una base conceptual, la cual, además del concepto incluye la imagen, la evaluación y el valor cultural.

El concepto emocional tiene una estructura simbólica. Las formas de su expresión semiótica pueden ser verbales (es decir, expresadas mediante el lenguaje) y no verbales (es decir, expresadas mediante otros medios, por ejemplo, un gesto, un dibujo, etc.). El componente conceptual subyace al concepto emocional. Además, la estructura del concepto emocional incluye componentes metafóricos y evaluativos, en los que se fijan asociaciones, imágenes, estimaciones, percepciones sobre el concepto concreto. Como cualquier otro concepto, el concepto emocional viene determinado culturalmente. La euforia, los celos, la envidia, el orgullo, la desesperación y otros impulsos y estados existenciales son inherentes a nosotros como personas culturales: son adquiridos, no innatos.

D. **Estructura del concepto**

Según A. Wierzbicka (2001), cualquier concepto complejo y original codificado en una unidad lingüística de cualquier lengua natural puede representarse como una determinada configuración de significados elementales. Estos significados son semánticamente indivisibles y universales, en el sentido de que están léxicamente codificados en todas las lenguas.

La mayoría de los investigadores señalan la complejidad de la estructura del concepto, en la que, por un lado, se incluye una base conceptual:

- a la cual pertenece todo aquello que forma parte de la estructura del concepto (Stepanov, 2001);
- el contenido nominativo del concepto está formado por información factual sobre un objeto real o imaginado, que está compuesto por rasgos cognitivos que caracterizan la esencia y los elementos constitutivos diferenciales del concepto estudiado (Buterina, 2010).

Por otro lado, la estructura del concepto incluye:

- la parte socio-psicocultural, que no es tanto pensada por un hablante nativo, sino más bien sentida por éste. Incluye asociaciones, emociones, valoraciones, imágenes nacionales y connotaciones inherentes a una determinada cultura (Maslova, 2008);

- todo lo que hace que sea un elemento de la cultura: la forma original (etimología); la historia resumida en los principales datos del contenido; las asociaciones contemporáneas. Stepánov (2001) define el concepto como un grumo de cultura en la mente de una persona; aquella forma en que la cultura entra en el mundo mental de una persona. El concepto es la célula básica de la cultura en el mundo mental del individuo. La estructura del concepto tiene tres capas: 1. el atributo principal, actual; 2. el atributo adicional o adicionales, "pasivos", que ya no son actuales, "históricos"; 3. la forma interna, normalmente no percibida, plasmada en la forma verbal. El componente imaginario, que está relacionado con el modo de reconocer la realidad, tiene como resultado una representación sensorial visual (imagen mental, imagen sonora) y el componente valorativo (Buterina, 2010).

V.A. Maslova (2008) nombra además los siguientes componentes de la estructura del concepto: universal; nacional y cultural; social; grupal; individual-personal.

Los estudios destacan la organización por campos de los conceptos. Z.D. Popova (2007) distingue en la estructura del concepto una imagen sensorial, un contenido informativo y un campo interpretativo.

El reflejo de los objetos y fenómenos del mundo en la mente humana no es como en un espejo (Serebrennikov, 1988). El cerebro transforma la información procedente del exterior en una imagen. O.V. Buterina (2010) distingue una imagen perceptiva en el contenido de la imagen del concepto que refleja las representaciones sensoriales de las personas, así como una imagen cognitiva, que refleja las relaciones semánticas (metafóricas, metonímicas) del contenido del concepto con otros conceptos.

El contenido informativo de un concepto incluye un mínimo de rasgos cognitivos que caracterizan sus aspectos diferenciales más importantes, sus partes integrantes obligatorias y su función principal. El campo interpretativo del concepto incluye rasgos cognitivos que interpretan el contenido informativo básico del concepto, que, o bien derivan de él representando algún conocimiento de deducción, o bien lo evalúan. En este campo se distinguen varias zonas: evaluativa, enciclopédica, utilitaria, normativa, sociocultural y paremiológica (Popova, 2007).

O.E. Potapova (2008) en su estudio considera la posibilidad de verbalizar los conceptos en forma de campos léxico-semánticos, grupos sinonímicos y léxico-semánticos, estructuras de formación de palabras, etc. Según E.A. Kudinova (2008), dicho enfoque permite un estudio más detallado de los significados de los lexemas en comparación con otros componentes del campo al destacar los rasgos integrales y diferenciales y sus relaciones sintagmáticas.

Existen los siguientes enfoques de estudio del concepto:

- el estudio de la esencia mental del concepto implica el estudio de sus representaciones, y el estudio de diferentes representaciones del concepto lleva a generalizaciones sobre su esencia mental (Babenko, 2010);
- el estudio de los datos obtenidos a partir de corpus textuales. La información sobre la frecuencia del uso de determinadas palabras y grupos semánticos permite estimar su importancia en un entorno cultural y puede servir como criterio objetivo de comparación con los datos de otras lenguas (Cuerpo nacional);
- el estudio de los conceptos mediante el análisis interpretativo de la hermenéutica, ya que el campo de los conceptos es el campo de la comprensión (Karasik, 2002).

El análisis del funcionamiento textual de las representaciones lingüísticas del concepto y de los datos obtenidos a partir de experimentos psicolingüísticos que pueden ayudar a entender la relevancia de ciertos rasgos del concepto en la conciencia de los hablantes (o de una parte de ellos) en un momento concreto (Kryuchkova, 2005).

M.V. Pimenova (2004) expone las siguientes formas de descubrir el concepto: detectando el étimo de la palabra; estudiando una familia de palabras con una misma raíz formadas a partir de ese étimo; a través del estudio de los principales usos de las palabras derivadas en diacronía; analizando los principales usos de las palabras en el nivel sincrónico; identificando los nexos paradigmáticos del concepto analizado; y/o comparando la palabra con un concepto similar en otras lenguas. La investigadora llega a la conclusión de que sólo la síntesis de todos los métodos, así como el material lingüístico obtenido y los factores extralingüísticos revelarán la peculiaridad nacional y cultural de la palabra analizada y, en este contexto, la peculiaridad nacional y cultural del concepto analizado.

La lingüística cognitiva utiliza métodos muy parecidos a los de la lingüística estructural y descriptiva, ya que la estructura y el contenido de los conceptos se basan en el estudio de la estructura lingüística.

Antes ya hemos señalado qué métodos han sido aplicados en nuestra investigación. Creemos que dicha metodología permitirá describir los conceptos emocionales en la lengua rusa.

2. El concepto de *радость* "alegría" en la visión del mundo en ruso

La emoción de *радость* "alegría" se considera como básica. Es una experiencia mental, genéticamente primaria, basada en las percepciones de una persona (por ejemplo: *радость* "alegría", *страх* "miedo", *гнев* "ira", *удивление* "sorpresa", *печаль* "tristeza".), siendo psicológicamente universal y el fenómeno cultural más relevante de un grupo étnico (Krasavsky, 2001). A este propósito, la representación lingüística del concepto emocional en cuestión no plantea dificultades, pero al mismo tiempo es difícil describir científicamente debido a su multiplicidad. Además, las llamadas formas de expresión no verbales desempeñan un papel importante.

Los medios léxicos del lenguaje son la herramienta más importante de formación y desarrollo del fenómeno "concepto emocional". La presencia de un lexema independiente sirve como muestra de la existencia de la noción (Volostnykh, 2007). Según los diccionarios de la lengua rusa, el sustantivo *радость* significa "sentimiento alegre, sentimiento de gran satisfacción mental" (Diccionario de Ozhegov), "sentimiento de placer, satisfacción interior, estado de ánimo alegre" (Diccionario de Ushakov), así como "algo / alguien que provoca tal sentimiento" (Diccionario de Ozhegov). Además, la alegría puede entenderse como "un acontecimiento o circunstancia feliz" (Diccionario de Ozhegov).

Los sinónimos de este sustantivo son *восторг, восхищение, веселье*. Estas palabras difieren en su significado: *восторг* es "la aparición de sentimientos alegres, admiración" (Diccionario de Ozhegov), *восхищение* es "satisfacción suprema, deleite" (Diccionario de Ozhegov), *веселье* es "un estado de ánimo alegre y animado, un pasatiempo agradable" (Diccionario de Ozhegov). Las diferencias en la semántica de estas palabras se deben a sus peculiaridades estructurales y razones históricas.

El origen del sustantivo *радость* está relacionado con el adjetivo *рад* en su forma corta. Tal y como indican los diccionarios etimológicos, su origen puede explicarse de diferentes maneras: "lo más probable es que sea un derivado sufijal de la misma base (or) que el griego *eros* "amor" (Diccionario de Shansky). Sin embargo, hay que señalar que todavía no hay una explicación comúnmente aceptada. La palabra *рад* en el sentido de "alegre, contento" aparece en documentos en lengua rusa antigua del siglo XI (Arslanbekova, 2016).

La palabra *веселье*, que significa "alegría despreocupada" aparece por primera vez en la lengua en el siglo XII y su origen es algo controvertido: según algunos investigadores, es un préstamo y se forma a partir del gótico *visan* "alegrarse", otros creen que esta palabra es original y deriva de la base indoeuropea *ves* o *vas* con el significado de "bueno". Literalmente, el sustantivo puede traducirse como "lo que te hace sentir bien" (Diccionario de Semenov). La palabra *восторг* viene del eslavo antiguo. Al derivar del verbo *въстъргати* "explorar, derribar", a su vez derivado de *търгати* "desgarrar", significaba "aparición de sentimientos alegres", algo así como una *explosión* o *elevación* mental (Diccionario de Shansky). La historia del sustantivo *восхищение*, formado a partir del verbo *восхищаться* "admirar", está relacionada con el verbo derivado del eslavo antiguo *въсхытити* "arrastrar, llevar" (Diccionario de Fasmer). Los investigadores señalan que en la conciencia lingüística del ruso antiguo la alegría se entendía también a través de las sensaciones sensoriales, como algo concreto, y esta emoción no se distinguía del placer, el disfrute y la alegría (Arslanbekova, 2016).

En el idioma ruso moderno, *радость* y *веселье* se consideran como términos relacionados o que uno implica al otro: "Город олицетворял собою печаль, безмолвие, дряхлость; войска – *радость*, шумное *веселье*, молодость / La ciudad era tristeza, silencio, vejez; el ejército alegría, estrépito, juventud", "…он легко переходит из состояния злобы и депрессии в состояние *радости и веселья* / …pasa fácilmente de la ira y la depresión a la alegría", etc. (Corpus nacional). Sin embargo, *радость* es algo distinto a *веселье*, ya que esta última se entiende como algo que tiene un significado más profundo y filosofico; que no se asocia con el pasatiempo, sino con el estado de ánimo de una persona.

Восторг y *восхищение* a menudo no pueden separarse de la alegría, pero al mismo tiempo, debido a su base semántica histórica, se definen como un grado superior de placer y satisfacción mental. Compárese:

> "Я знал наперечет всех, кто выполнял эту процедуру с *радостью*, близкой к *восторгу* / He conocido a innumerables personas que han realizado este procedimiento con una alegría cercana al entusiasmo", "До чего же интересная женщина эта вахтерша…от нее исходят волны *радости* и даже *восторга*… / Qué mujer tan interesante es esta conserje… de ella surgen oleadas de alegría e incluso entusiasmo…", etc. (Corpus nacional).

Entre los sinónimos nombrados, *веселье* y *восторг* son los más significativos, ya que *восхищение* se utiliza raramente y se equipara con *восторг* según el diccionario.

Según las definiciones de los diccionarios, podemos identificar algunas tan importantes como *чувство* "sentimiento", *веселье* "alegría", *восторг* "admiración" y *удовлетворение* "satisfacción". En la imagen del mundo en ruso *радость* se percibe como un estado emocional positivo (Krasavsky, 2010).

El análisis de los contextos en los que aparece, así como el de los modelos sintagmáticos más productivos muestran que el término *радость* funciona sobre todo como objeto y mucho menos como causa o acompañante de una acción.

Радость como objeto es algo que se puede *чувствовать* "sentir", *выражать* "expresar", *давать* "dar", *получать* "recibir" o *лишать(ся)* "privar". Eso ilustran los contextos de uso:

- *Чувствовать радость* "sentir alegría": *чувствовать* "sentir", *испытывать* "experimentar", *ощущать* "sentir, palpar", *знать* "conocer", *пережить* "vivir", etc. Por ejemplo:

> "Он ощутил детскую *радость*, желание захлопать в ладоши… / Se sintió invadido por una oleada de júbilo infantil, un deseo de empezar a dar palmas…", "В эти первые минуты он еще только успел почувствовать острую *радость* шахматного игрока, и гордость, и облегчение…/ Durante esos primeros minutos sólo había tenido tiempo de sentir el profundo deleite de ser un jugador de ajedrez, y el orgullo, el alivio…", etc. (Corpus nacional).

- *Выражать радость* "expresar alegría": *выражать, проявлять* "manifestrar", *изображать* "reflejar", *обнаруживать* "descubrir", etc. Por ejemplo: "Девушка выражала *радость* тем, что кивала – часто с блестящими глазами / La chica expresaba su alegría asintiendo a menudo con sus ojos brillantes", "Сам он, не показывая *радости*, выразил сомнение / Él mismo, sin mostrar alegría, expresó una duda", etc. (Corpus nacional). Al mismo tiempo, *радость* no sólo puede expresarse, sino también ocultarse.

- También la presencia de otra persona a la que se le pueda *дать* "dar", *доставить* "entregar", *дарить* "regalar", *нести* "llevar" o con la que se pueda *разделить* *радость* "compartir alegría" es un componente muy importante. Por ejemplo:

"…потому что это может дать *радость* или помощь кому-то другому /…porque eso puede alegrar o ayudar a otra persona", "Мне доставляло *радость* дарить окружающим то, что они потеряли / Me dio alegría dar a otros lo que habían perdido", "Неужели нельзя подарить старому человеку немного *радости*? / ¿Acaso se puede dar alegría a una persona mayor?", etc. (Corpus nacional).

Quizás esto se deba a que, según los estudiosos, en la conciencia lingüística rusa la *радость* se plantea como un sentimiento colectivo (Arslanbekova, 2016).

- *Получать радость* "recibir alegría" – *лишать(ся) радости* "privar de alegría": *терять* "perder", *отнимать* "quitar", *отравлять* "envenenar", *преодолевать* "superar", etc. Por ejemplo:

"Если она усыновит не ею рожденного ребенка, это будет все-таки чужой ребенок, и она лишится *радости* материнства / Si adopta a un niño que no ha dado a luz ella misma, seguirá siendo un niño ajeno y se verá privada de la alegría de la maternidad", "А сколько человек теряет *радости* и счастья сопереживания, не знакомясь с шедеврами, созданными за всю историю человечества / Y cuánta alegría y felicidad se pierden al no conocer las obras maestras creadas a lo largo de la historia de la humanidad", etc. (Corpus nacional).

El análisis contextual muestra que *радость* como causa suele provocar cambios externos e internos. Esto se debe a la base histórica de la formación de este concepto en la visión del mundo de la lengua rusa. Así, en el ruso antiguo el significado de la alegría se transmitía a través de las palabras del mundo material, que se asociaban a un estado alegre del cuerpo y del alma (Arslanbekova, 2016). El diccionario de Sreznevsky, por ejemplo, indicaba que la semántica de la alegría, además de otros significados, se hallaba en las palabras comida, diversión, celebración (Diccionario de Sreznevsky). En general, al hablar de la *радость* como causa, fijamos las posiciones señaladas anteriormente: *чувствовать* "sentir", *говорить* "hablar", *двигаться* "moverse".

En virtud de una tradición lingüística muy arraigada, en ruso se utiliza la preposición *de* cuando se utilizan sustantivos como *радость, горе* "pena", *голод* "hambre", *страх* "miedo", etc. para señalar una causa. Además, son bastante comunes las combinaciones como *смеяться* "reír(se)" o *плакать* "llorar" *от радости*. Por ejemplo:

"Они обнимались и *плакали от радости* / Se abrazaron y lloraron de alegría", "Освобожденные, обливаясь слезами, *завыли от радости* в голос…/ Liberados y derramando lágrimas, aullaron de alegría en voz alta…", "И именно поэтому каждое его полотно ликует и *смеётся от радости* / Y por eso cada lienzo suyo se gratula y rie de alegría", "… она размахивала руками, вся внезапная и увлеченная; и еще *хохотали от радости* ее глаза / …ella agitaba los brazos, toda repentina y entusiasmada; y sus ojos rieron de alegría", etc. (Corpus nacional).

La presencia de esta ambivalencia se manifiesta también en el hecho de que los diccionarios asociativos relacionen claramente la alegría con la explicación del sentimiento opuesto: la palabra "lágrimas" (Krasavsky, 2010).

Hay que destacar que los "sonidos" que produce una persona de *радость*, su capacidad de decir algo en esos momentos, puede variar mucho, hasta su total ausencia: *кричать* "gritar", *запеть* "empezar a cantar", *онеметь* "quedarse mudo", etc. Por ejemplo: "Я *онемел от радости*, и пошел за нею по лестнице / Me quedé mudo de alegría y la seguí por las escaleras", "Мой артист *молчит, будто от радости* / Mi artista calla como de alegría", etc. (Corpus nacional).

Радость como causa lleva a la realización de algún tipo de movimiento: *прыгать* "saltar", *идти* "ir", *обнимать* "abrazar", *всплеснуть руками* "levantar los brazos", etc. Por ejemplo:

> "И утром было солнце и, соскакивая с кровати, — хотелось танцевать и прыгать и *кричать от радости* / Por la mañana hacía sol y, saltando de la cama, quería bailar, saltar y gritar de alegría", "Они скрылись в избе, а Максимка пустился в огород сказать деду Фишке о появлении гостя, которого отец *обнимал от радости* / Se escondieron en la cabaña y Maximka fue a la huerta a avisar al abuelo Fishka que había llegado un invitado al que su padre abrazaba con alegría", etc. (Corpus nacional).

Радость también puede evocar ciertos sentimientos o contribuir a una transición hacia determinados estados: *бояться* "tener miedo", *забыть* "olvidar", *задрожать* "sentir escalofríos", *задыхаться* "jadear", *разозлиться* "enfadarse", etc. La fuerza de esta emoción es tan fuerte que el estado de una persona puede ser valorado como locura: *сойти с ума от радости* "volverse loco de alegría", *обезуметь от радости* "enloquecer de alegría", etc. Por ejemplo: "И вот… мы теперь *сходим с ума от радости* / Y así… ahora nos volvemos locos de alegría", ·Она чуть *с ума не сошла от радости*, но, подозрительно глядя на героя, ничего ему не объяснила / Ella por poco se volvió loca de alegría, pero, mirando con recelo al héroe, no le explicó nada", etc. (Corpus nacional). La fuerza y el volumen de la alegría es lo que más a menudo se convierte en su característica importante.

Por lo general, se define como:

- *большая* "grande": "…что, впрочем, *большой* радости не вызвало /… que, sin embargo, no causó gran alegría", "Отец Варлаам с *большой радостью* в сердце воспринимает тот факт… / El Padre Varlaam siente una gran alegría en su corazón…", "Их набивается целый дом, и это для нас *самая большая радость* / La casa está llena y esa es la mayor alegría para nosotros", etc. (Corpus nacional);
- *великая* "gran, grandiosa": "Многие приносили книги — один шкаф стал книжным, *к великой радости* Оли / Muchos traían libros y un armario se convirtió en librería para alegría de Olya", "Прибывает и артполк, встречаемый всеми *с великой радостью* / Llegaba la brigada de artillería y saludada por todos con gran alegría", etc. (Corpus nacional);
- *огромная* "enorme": "И у меня есть пожелание, чтобы болельщики шли на ваш стадион *с огромной радостью* / Y tengo el deseo de que los aficionados vayan a su estadio con gran alegría", "Итак, первый ребёнок в семье — *огромная*

радость… / El primer hijo en la familia es siempre una fuente de alegría …", etc. (Corpus nacional).

- *маленькая* "pequeña": "…я прочёл в его глазах … *маленькую радость*… / … leí en sus ojos… una pequeña alegría…", "Можно даже предаться *маленьким радостям* спекулятивной маркетологии и порассуждать о неизбежном финансовом кризисе… / Uno puede incluso entregarse a las pequeñas alegrías del marketing especulativo y discutir sobre la inevitable crisis financiera…", etc. (Corpus nacional).

La aparición de la forma plural *маленькие радости* "pequeñas alegrías" (bastante frecuente) permite examinar este concepto como análogo semántico de *большая* радость "gran alegría", cuando algo pequeño alcanza el volumen o tamaño necesario al multiplicarse.

La emoción de la alegría acompaña a un acontecimiento que tiene importancia para una persona y, por lo tanto, es una meta, es decir, una necesidad para la persona (Malysheva, 2015). La alegría como elemento importante acompaña las acciones relacionadas con el *movimiento*, la *aceptación* de este sentimiento, el *habla*, y funciona como un objeto indirecto. Estudiemos los contextos correspondientes:

- *Двигаться с радостью* "moverse con alegría": *вскакивать* "saltar", *обнимать* "abrazar", *возвращаться* "regresar(se)", *бежать* "correr", etc. Por ejemplo: "Я всегда *шел* на этот спектакль *с радостью* / Siempre iba a este espectáculo con alegría", "Теперь на знакомый голос черного капитана *кинулся с радостью* / Corrió con alegría hacia la voz familiar del capitán negro", etc. (Corpus nacional);

- *Принимать с радостью* "aceptar con alegría": *принимать* "aceptar, recibir", *воспринимать* "percibir", *встречать* "encontrar, recibir", *ощущать* "sentir", *выслушать* "escuchar", etc. Por ejemplo:

  "Кто-то этому сопротивляется, а кто-то *принимает с радостью* / Algunos se resisten, otros lo aceptan con alegría", "Жители европейских городов *встречали* наших воинов-освободителей *с радостью* и цветами / Los habitantes de las ciudades europeas recibieron a nuestros soldados libertadores con alegría y flores", "Перепрыгивая с камня на камень, он наконец выбрался на противоположный гефсиманский берег и *с великой радостью увидел*, что дорога над садами здесь пуста / Saltando de una piedra a otra alcanzó, por fin, la orilla de Gethsemaní y se convenció con alegría de que el camino hasta el huerto estaba desierto", etc. (Corpus nacional);

- *Говорить с радостью* "hablar con alegría": *соглашаться* "estar de acuerdo", *отвечать* "responder", etc. Por ejemplo: "Олегу показалось, что поэт *согласился с радостью* / A Oleg le pareció que el poeta lo aceptó con alegría", "Да, сделайте милость! — *ответил* Фроленков *с радостью* / -¡Sí, hazme un favor! - respondió con alegría Frolenkov", etc. (Corpus nacional);

El sentimiento de *радость* se entiende como un estado emocional positivo, cuya sensación es importante e incluso fundamental desde el punto de vista psicológico

(Mullagayanova, 2018). El estudio muestra la conexión indudable entre *радость* y *свет* "luz", ya que la alegría en la visión cristiana se identificaba con la luz, el resplandor o el paraíso (Arslanbekova, 2016). *Радость* puede hacerse *сиять* "brillar", *светиться* "resplandecer", *сверкать* "centellear", *гореть* "arder", *озариться* "alumbrar", *светиться* "relucir", etc. Esto también puede explicar las frases como *Христова радость* "la alegría de Cristo", *земная радость* "la alegría humana", *вечная радость* "la alegría eterna", etc. Con la implantación del cristianismo se produjo un cambio en la conceptualización de la alegría. La alegría comenzó a interpretarse como "un sentimiento asociado a la misericordia y la bondad" (Arslanbekova, 2016: 368).

La estadística de los contextos muestra que *радость* es valorada por su carácter inesperado. Por eso es frecuente la definición de *нечаянная, неожиданная* "inesperado, imprevisto": "Таинственно улыбаясь, он сказал мне полушёпотом, что меня ждёт *нечаянная радость* / Con una sonrisa misteriosa me dijo susurrando que recibiría una alegría inesperada", "Одинокий, измученный, обрёл он, однако, и *неожиданную радость* / Aunque solitario y agotado, encontró, sin embargo, también una alegría inesperada", etc. (Corpus nacional). Al analizar los adjetivos, podemos observar la importancia del tiempo: *вечная* "eterna", *постоянная* "constante", *новая* "nueva", etc. Los indicadores temporales se encuentran en los proverbios rusos con la palabra alegría: "Радости быстро забываются, а печали никогда / Las alegrías se olvidan rápido, pero las penas nunca", "Радость не вечна, печаль не бесконечна / La alegría no es permanente, el dolor no es infinito" (Mullagayanova, 2018).

Sin embargo, la alegría en ruso suele ser más *тихая* "silenciosa" que *громкая* "ruidosa". Por ejemplo: "У битломанов *тихая*, но искренняя *радость* / Los bitlómanos sienten una alegría silenciosa pero sincera", "Стало приятнее, и *тихая радость* охватила Андрея / Se hizo más agradable y la alegría silenciosa envolvió a Andrey", etc. (Corpus nacional).

Entre las definiciones más frecuentes de *радость* se encuentran también las de *особенная (особая) радость* "alegría especial": "*Особая радость* — прогулки по Неве в лодках / Es una alegría especial pasear por el Neva en barcas", "К вечеру Коля изнемог от восторга и полноты чувств; *особую радость* и умиление вызывала у него прекрасная штора вишнёвого цвета… / Por la noche Kolya estaba agotado por el deleite y la plenitud de sentimientos; una hermosa cortina de color cereza le causaba especial alegría y ternura…", etc. (Corpus nacional).

Este concepto tiene un componente asociativo muy importante: los niños. Esto se confirma en los datos del Diccionario de asociaciones. La combinación *детская радость* "alegría infantil" también es frecuente. La *alegría infantil* en ruso es *ingenua, simple, sincera*. Por ejemplo:

> "…каждый раз вновь и вновь испытываю *детскую радость* причастности к большому футболу… / …cada vez más y más siento una alegría infantil por formar parte del fenómeno futbolístico…", "… вообще возможен такой возврат к более элементарной и *детской радости* от жизни / ….pero es posible el retorno a una alegría elemental e infantil", etc. (Corpus nacional).

De esta manera, el análisis ha demostrado que *радость* se entiende como una emoción positiva. La representación del concepto se produce dentro de tales definiciones como *чувство, веселье, восторг, удовлетворение*. Y lo más importante es *принимать* "recibir", *отдавать радость* "dar alegría", *чувствовать* "sentir" y *выражать* "expresar", así como *двигаться* "moverse", *говорить* "hablar". Lo confirman los datos de los diccionarios asociativos.

3. CONCEPTO DE *СТРАХ* "MIEDO" EN LA VISIÓN DEL MUNDO EN RUSO

Страх "miedo", al ser una emoción básica, se considera como una emoción negativa, puesto que provoca sentimientos desagradables y surge como respuesta ante una situación que está evaluada como peligrosa y dañina, así como cuando surge la necesidad de movilizar todos los recursos para combatir esas circunstancias amenazantes. *Страх* puede estar relacionado con lo que ha sucedido, está sucediendo o puede suceder en el futuro. Suele ser bastante difícil de controlar y puede provocar reacciones como parálisis, pánico, pavor. Sin embargo, el miedo no siempre refleja la realidad, porque a menudo la gente tiene miedo de lo que también es un producto de su imaginación.

La nominación directa de este concepto se la constituye el sustantivo *страх* que es "susto muy fuerte, temor fuerte" (Diccionario de Ozhegov), "un estado de ansiedad extrema e inquietud causada por el susto que se experimenta debido a un peligro inminente o esperado, miedo, horror" (Diccionario de Ushakov).

Entre los sinónimos de este sustantivo en ruso encontramos las palabras *ужас* "horror", *трепет* "temblor", *жуть* "horror", *страсть* "pasión", *испуг* "susto", *паника* "pánico", *перепуг* "susto", *боязнь* "temor", *опасение* "temor, preocupación" (Diccionario de Aleksandrova). Al mismo tiempo *жуть, перепуг, опаска* se usan más en el habla coloquial mientras que *страсть* es de uso vulgar. Los sustantivos *боязнь* y *опасение* están asociados con el miedo o el peligro futuro, y *испуг, паника* con el miedo repentino (Diccionario de Aleksandrova, Diccionario de Ushakov). *Паника* también se clasifica como miedo masivo y *ужас* es un miedo más fuerte. Además, *ужас* puede referirse a hechos que se encuentran fuera del ámbito personal del sujeto. Por ejemplo, en el caso de que el estado de una situación política nos haga pasar miedo, eso quiere decir que tememos por nuestro bienestar y por el futuro de nuestros niños. No obstante, si percibimos con horror los mismos acontecimientos políticos, podemos hablar de una situación que no nos afecta personalmente (Novitskaya, 2011). Los sustantivos más usados en la lengua rusa son *ужас, тревога, опасение, паника, испуг, боязнь* (Diccionario de Frecuencias).

Etimológicamente, la palabra *страх* está asociada con la palabra del ruso "estricto" y la del indoeuropeo *streng* – "estricto", "severo" (Diccionario de Chernykh).

Según Fasmer, esta palabra con su significado original de "estupor" es semejante en cuanto a su significado a la palabra lituana *stregti, stregiu* que significa "pasmarse, convertirse en hielo" y la letona *strēgele*, "carámbano" (Diccionario de Fasmer). Así, al principio en la semántica de la raíz, aparentemente, se planteó la idea del cambio del objeto (estiramiento o estupor) debido a cierto impacto físico. Sin embargo, en el idioma ruso, con el tiempo, las palabras con esta raíz comenzaron a denotar el estado de una persona como respuesta a un impacto, pero no físico, sino emocional. En los diccionarios históricos se registra que el sustantivo *страх*, generalmente, se usaba con los significados "miedo, horror; amenaza; un fenómeno que inspira miedo", "miedo piadoso, asombro" (DLEEP, Diccionario de Sreznevsky, DLR), por lo cual dicho sustantivo ha denotado el estado emocional de una persona y también el fenómeno que provoca este estado. *Страх* también podría ser piadoso (a la hora de honrar a Dios o Dioses y todo lo relacionado con él o ellos). En este caso, una persona no experimenta emociones negativas, sino positivas.

Por lo tanto, se puede notar que la semántica del sustantivo *страх* ha sufrido unos cambios menores, y su uso refleja la futura estructura polisemántica de palabras derivadas según tales características como atributo, acción, estado, etc. (Votyakova, 2017).

Así, según las definiciones del diccionario, podemos identificar sustantivos tan importantes como *тревога, испуг, боязнь, ужас*.

Con el objetivo de identificar los modelos más productivos, es necesario estudiar las relaciones sintagmáticas. Un análisis de las combinaciones de verbos ha mostrado que este sustantivo se usa con mayor frecuencia en el sentido de la causa de una acción o estado. Por regla general, en tales casos se expresa en genitivo singular con la preposición *от*. Registramos verbos que reflejan acciones o estados específicos de una persona que experimenta esta emoción.

Evidentemente, la oposición relevante es *двигаться* "moverse" – *останавливаться* "pararse": una persona no puede moverse o, por el contrario, se mueve muy rápidamente, realizando movimientos bruscos o repetitivos. Comparemos:

- *Деревенеть* "ponerse como madera", *каменеть* "ponerse como piedra", *застывать* "congelarse", *цепенеть* "entumecerse", etc. Por ejemplo:

  "Маташ обмирал *от страха*, что она снова потеряет ребенка и, возможно, жизнь / Mataix no vivía temiendo que ella fuera a perder de nuevo al bebé y quizá la vida", "Охваченный паникой, я бросил сумку и узел с вещами и замер *от страха* на земле, обхватив руками голову… / Sorprendido por el pánico, solté la maleta y me encogí en el suelo con los brazos en la cabeza…", etc. (Corpus nacional).

- *Дрожать (пальцам, рукам, коленкам)* "temblar (dedos, manos, rodillas)", *трястись* "temblarse", *биться* "golpearse", *клацать зубами* "apretar los dientes", etc. Por ejemplo: "Она не знала, отчего тряслась больше, от холода или *от страха* / No sabía si temblaba de frío o de miedo", "У меня *от страха* тряслись поджилки, и я думала только о том, где его спрятать / Yo estaba muerta de miedo y solo pensaba en dónde esconderle", etc. (Corpus nacional).

- *Мчаться* "correr", *приседать* "agacharse", *сваливаться* "caerse", etc. Por ejemplo:

  "В руке он держал нож. Вне себя *от страха* она повалилась на кровать / … avanzó puñal en mano y ella, abatida por el miedo, cayó sobre la cama", "Голове его почему-то было неудобно и слишком тепло в шляпе; он снял ее и, подпрыгнув *от страха*, тихо вскрикнул / Sentía una molestia en la cabeza, como si tuviera demasiado calor. Asustado, se quitó el sombrero: tenía en las manos una boina de terciopelo con una vieja pluma de gallo", "Панкрат, растерявшись, тосковал, держа *от страха* руки по швам… / Pankrat, confundido y acongojado, estaba con las manos caídas, rígido de miedo", etc. (Corpus nacional).

El miedo es una reacción protectora por parte del cuerpo para responder rápido y eficazmente a algunas situaciones peligrosas. Las manifestaciones fisiológicas del miedo, que están ampliamente descritas en la literatura, son el aumento del metabolismo celular, aumento de la velocidad del movimiento de la sangre, aumento de la frecuencia cardíaca, aumento del nivel de adrenalina, glucosa, aumento de la presión arterial y actividad cerebral, pupilas dilatadas para una mejor percepción de la luz, aumento del flujo sanguíneo en las extremidades inferiores, disminución de la temperatura periférica, lo que provoca palidez. La "fisiología" del miedo se manifiesta en la combinación de este sustantivo con tales adjetivos como *дикий* "salvaje", *животный, звериный* "de animal", *заячий* "de liebre", *первобытный* "primitivo", *инстинктивный* "instintivo", etc. Además, dicha fisiología se queda reflejada en la lengua al describir el estado del miedo y la reacción de una persona, aunque cabe señalar que aún se enfatiza más la reacción vocal o visual. Miramos algunos ejemplos:

- *обливаться потом, потеть,* "sudar", *взмокать* "mojarse, sudarse", *холодеть* "enfriarse", *писаться* "orinar", *подгибаться ногам* "doblar las piernas", *леденеть ушам* "congelarse las orejas", *не держать ногам* "no sostener las piernas", *отняться ногам, закрывать глаза* "cerrar los ojos", *зажмуривать глаза* "entornar los ojos", etc. Por ejemplo:

  "Вы должны беспокоиться об Испании и репутации ее лучших представителей, как я, например, или мой сопровождающий Мигелито, который сидит тут с видом, будто *обделался от страха* / Usted se debe a España y al buen nombre de sus mejores representantes, como yo y como aquí mi escudero Miguelito, ese que está ahí sentado con cara de haberse cagado en los pantalones de miedo", "*Зажмурил* он *глаза от страху…* / Apretó los ojos de miedo…", etc. (Corpus nacional).

- *Вскрикивать* "gritar", *повторять* "repetir", *неметь* "entumecer", *прикусывать язык* "morderse la lengua", *плакать* "llorar", *реветь* "rugir", etc. Por ejemplo: "Фермин был абсолютно голым, он *плакал* и дрожал *от страха* / Fermín estaba desnudo, llorando y temblando de terror", etc. (Corpus nacional).

Страх es una de las emociones tensas y desagradables, porque da una sensación de incomodidad. Su característica principal es una sensación de estrés, ansiedad e incertidumbre sobre la propia seguridad; además, tiene que ver con la amenaza para la salud, que, generalmente, se acompaña de una sensación de pérdida de control y, como muestra nuestro material, la oposición binaria *жить* "vivir" – *умирать* "morir" también será relevante, mientras que este último puede ser percibido como un motivo de pérdida del juicio. Comparen:

- *умирать* "morir", *падать в обморок* "desmayarse", *лишаться чувств* "perder el conocimiento", etc.; pero por otro lado *очнуться от страха* "despertarse de miedo". Por ejemplo: "*Я умираю от страха* / Estoy muerto de miedo", "*Они бросились бежать, себя не помня от страха, добежали до дома…* / Llenas de pánico echaron a correr y no pararon hasta llegar a casa…", etc. (Corpus nacional).

- *обезуметь* "enloquecer", *сойти с ума* "volverse loco", *не соображать* "no entender", etc. Por ejemplo:

    "*Обезумев от страха*, мы с Бегемотом кинулись бежать на бульвар, преследователи за нами, мы кинулись к Тимирязеву! / Locos de miedo, Popota y yo corrimos al bulevar y los perseguidores venían por detrás; nosotros nos dirigimos hacia el monumento a Timiriásev", "… словно теперь он окончательно *сошел с ума от страха* / … como si el reciente revolcón le hubiese enloquecido de miedo", etc. (Corpus nacional).

El sentimiento de peligro se estimula por todo lo que puede provocar la sensación del miedo, y muy a menudo vemos cierta incertidumbre en cuanto a la capacidad de resistirlo o poder convivir con éste, por lo que la intensidad de la reacción emocional es diferente. Podemos enfrentarnos a él con una reacción débil o con una reacción fuerte. Todo lo mencionado anteriormente puede convertirse en fobias (miedos irracionales y persistentes).

- *болеть* "enfermarse", *ослабевать* "debilitarse", *стариться* "envejecer", *уставать* "cansarse", etc. Por ejemplo: "… у меня *от страха болел живот*, меня рвало… / … me dolía el estómago del miedo, vomitaba…", "Потому что они пережили Хиросиму и Нагасаки, *устали от страха* … / Como sobrevivieron después de Hiroshima y Nagasaki, estaban cansados de tener miedo", etc. (Corpus nacional).

- *врать* "mentir", *воображать* "imaginar", *забывать* "olvidar", *страдать* "sufrir", *прятаться* "esconderse", etc. Por ejemplo: Он сложил руки по швам и, *бледнея от страха* перед божеством, сказал так… / Con los brazos caídos y pálido de terror reverencial ante el ser sobrehumano, dijo…", etc. (Corpus nacional).

La intensidad del miedo se transmite por la combinación frecuente de dicho sustantivo con tales adjetivos como *большой* "grande", *великий* "gran, grande", *сильный* "fuerte", *слабый* "débil", *панический* "pánico", *ужасный* "horroroso", etc.

Las combinaciones de palabras que tienen como núcleo las preposiciones *из* y *с (со)* son mucho menos comunes y se encuentran en las siguientes combinaciones: *делать из страха* "hacer por miedo", *лишать из-за страха* "quitar por miedo", *падать со страху* "caerse por miedo", *умирать со страху* "morir de miedo", *прятаться со страха* "esconderse por miedo", etc.

Tales oposiciones semánticas también son importantes para representar el miedo como un estado en el que se realiza alguna acción. Por ejemplo: *двигаться* "moverse" – *останавливаться* "pararse": *бежать в страхе* "correr con miedo", *вскакивать в*

26

cmpaxe "saltar de miedo", *замирать в страхе* "helarse de miedo", *останавливаться в страхе* "quedarse inmóvil por miedo", etc. Sin embargo, la diferencia consiste en el hecho de que a la hora de representar dicho estado emocional el papel clave se le asigna a la verbalización de las reacciones vocales: *закричать в страхе* "gritar de miedo", *шептать в страхе* "susurrar con miedo", *молчать в страхе* "callarse de miedo", etc. Por ejemplo: "*Орали в* бессильном *страхе...* / Gritaron sintiendo un miedo impotente", "Королева, — *шепчут* они *в страхе*, — твои мудрые сановники прискакали и желают тебя видеть / Reina, - susurrando con miedo, - tus sabios han venido y desean verte", etc. (Corpus nacional).

Además, hace falta admitir un tiempo indefinido que uno puede pasar experimentando miedo: *жить в страхе* "vivir con miedo", *пребывать в страхе* "permanecer con miedo", *проводить в страхе* "pasar miedo", *держать в страхе* "mantener con miedo", etc. Por ejemplo: "Ты всегда *жил в страхе,* что с тобой повторится история... / Siempre viviste aterrado de que contigo se repitiera la historia", etc. (Corpus nacional).

Страх, formando núcleo del complemento indirecto, generalmente se usa con *смотреть* "mirar" (*смотреть, взглядывать, глядеть, озираться, поглядывать, уставляться*, etc.), *двигаться* "moverse" (*идти, вылетать, выходить, отправляться, посещать, возвращаться*, etc.), *говорить* "hablar" (*говорить, спрашивать, рассказывать, перебивать*, etc.). Por ejemplo: "Держащий его *со страхом* и злобой *косился* на опасного зверя, приготовившегося к прыжку / El hombre miraba con miedo y enfado al animal agazapado para saltar", "В чем дело? — *спросила* она *со страхом* / ¿Qué le pasa? — preguntó ansiosamente", etc. (Corpus nacional).

Dentro de nuestra investigación hemos identificado las construcciones en las que las emociones nominales actúan como objeto de acción. Al verbalizar el miedo como un objeto, las siguientes combinaciones se hacen relevantes:

- *преодолевать страх* "superar el miedo": *преодолевать* "superar", *побеждать* "ganar", *ломать* "romper", *опережать* "adelantar", *пересиливать* "dominar", *прогонять* "echar", *исключать* "excluir", *превозмогать* "superar", *предотвращать* "prevenir", *простить* "perdonar", *снимать* "quitar", *оставить* "parar", etc. Por ejemplo: "*Преодолев* свой *страх*, он вдруг вскочил на подоконник и, задрав острую морду вверх, дико и злобно завыл / Venciendo su miedo, saltó a la repisa de la ventana y, levantando su afilado morro, se puso a aullar con furia", etc. (Corpus nacional);

- *показывать* "mostrar" - *скрыть страх* "ocultar el miedo": *уменьшать* "reducir", *снижать* "disminuir", *выражать* "expresar", *ощущать, чувствовать* "sentir", *показывать* "mostrar", etc. Por ejemplo: "... он, подобно весьма многим имеющим богатырскую наружность, *почувствовал* такой *страх*, что не без причины даже стал опасаться насчет какого-нибудь болезненного припадка / ... nuestro hombre, lo mismo que mucha gente de figura gigantesca, se asustó tanto, que no sin razón temió que le diese un ataque", etc. (Corpus nacional);

- *избегать страха* "evitar el miedo": *не замечать* "no darse cuenta", *обманывать* "engañar", *обходить* "evadir", *отгонять* "alejar", etc. Por ejemplo: "Только советовал выбрать день и менять свои направления, убегать, выходить из игры, стараясь *обмануть* даже собственный *страх* / Solo se aconsejaba elegir un día y cambiar la dirección, huir, salir del juego, tratando de engañar incluso a su propio miedo", etc. (Corpus nacional);

- *порождать страх* "generar miedo": *вызывать* "causar", *внушать* "inspirar", *порождать* "generar", *будить* "despertar", *возбуждать* "excitar", *рождать* "engendrar", etc. Por ejemplo: "Главная цель заключалась в том, чтобы *посеять страх* среди христиан… / Su objetivo principal era difundir el terror entre los cristianos…", etc. (Corpus nacional);

- *понимать страх* "entender el miedo": *знать* "saber", *объяснять* "explicar", *понимать* "entender", etc. Por ejemplo: "Макс *прочитал страх* на лице друга / Max leyó el miedo en el rostro de su amigo", "Она не *знает*, что такое *страх* / Ella no sabe lo que es el miedo", etc. (Corpus nacional).

Por lo tanto, como muestra nuestro material analizado, el miedo en ruso en el mayor de los casos *se supera*, *se muestra* o *se oculta* tal vez para *evitarlo*. También podemos notar la presencia de oposiciones binarias, como las que hemos visto con anterioridad. Los investigadores señalan que la estructuración del mundo mediante oposiciones binarias es posible en base de una serie de principios, como la correlación (uno no existe sin el otro); la activación (en caso de que esté involucrado un principio contrario, entonces aparecerá el otro también); la aniquilación (si un principio contrario se termina, entonces no habrá otro); y la polarización (si la manifestación extrema de un principio contrario se intensifica, entonces la manifestación extrema de otro principio contrario también se intensificará) (Gerasimova, 2006, Chezybaeva, 2011).

Al transmitir la emoción del *страх*, podemos ver numerosos ejemplos de personificación en nuestro material, especialmente cuando el miedo está dotado de habilidades humanas: *владеть* "poseer", *ходить* "caminar", *душить* "estrangular", etc. Todo lo mencionado es típico para conceptos emocionales. Por otro lado, *страх* puede identificarse con animales o con cualquier otro objeto, representando siempre un peligro. Comparemos los siguientes ejemplos: *жалить* "hinchar", *клокотать* "borbotar", etc. *Страх* como agente puede ser móvil o estático, ejemplos de ello son *войти* "entrar", *врываться* "irrumpir", *уйти* "irse", *плавать* "nadar", *лететь* "volar", *прыгать* "saltar", *ходить* "caminar", etc.; *висеть* "estar colgado", *жить* "vivir", *сидеть* "estar sentado", *стоять* "estar de pie", *существовать* "existir", etc. Por ejemplo: "… *страх пополз* по его телу, начиная с ног /… el miedo empezó a recorrerle el cuerpo, subiendo por las piernas", "В глазах его *плавал и метался страх* и ярость / En sus ojos flotaban y bailaban el miedo y la indignación", etc. (Corpus nacional).

Además, los verbos logran transmitir el valor semántico de la aparición, el fortalecimiento o debilitamiento, así como la desaparición del miedo: *исчезать / пропадать* "desaparecer", *проходить* "pasar", *отсутствовать* "ausentarse"; *возникнуть / показываться*

/ *проявляться* "aparecer"; *нарастать / усиливаться / расти* "crecer"; *снижаться* "bajarse", *прятаться* "esconderse", *уменьшаться* "disminuirse", etc. Por ejemplo: "От этого *страх притупился* несколько-настолько, по крайней мере, что я не побежал к застройщику и вернулся к печке / Esto aminoró tanto mi sensación de miedo que no fui a ver al dueño y me volví junto a la estufa", etc. (Corpus nacional). *Страх* también está asociado con diferentes acciones sonoras y visuales: *петь* "cantar", *прозвучать* "sonar", etc.

En la lengua rusa *el miedo* está dispuesto a controlar completamente el proceso. Sin embargo, en el caso de que la reacción se vuelva exagerada, esto puede provocar ataques de pánico y bloqueo, lo que implica una pérdida total del control de la situación. En este contexto los verbos reflejan la incapacidad de una persona para resistir bajo la presión que le impone el miedo, de ahí que este puede *гнуть* "doblar", *душить* "estrangular", *ужалить* "hinchar", *мучать* "torturar", *напасть* "atacar", *ослабить* "debilitar", *подавить* "reprimir", *двигать* "mover", *сдерживать* "restringir", *заставить* "forzar", *мешать* "molestar", *диктовать* "dictar", *разрушать* "destruir", *руководить* "dirigir", *сжимать* "apretar", *сковывать* "encadenar", *унижать* "humillar", etc. Por otro lado, encontramos algunos casos de valoración positiva del *страх*: *объединять* "unir", *оправдывать* "excusar", *помогать* "ayudar".

Según los ejemplos analizados, muy a menudo el sustantivo *miedo* se combina con tales verbos como *дрожать, закрывать (глаза), замирать, трястись, умирать, охватывать, избавлять(ся), жить, испытывать, преодолевать, запрещать*. Se usa con frecuencia la frase hecha *на свой страх и риск* que significa "hacer algo de forma independiente, personalmente, por cuenta propia", lo que nos permite atribuir tales frases al grupo compuesto con verbos que transmiten la capacidad de superar el miedo.

A pesar de que el sustantivo *страх* es abstracto, puede usarse también en plural, lo que refleja la tendencia general de concretizar emociones y es propio de conceptos emocionales como pequeñas alegrías, tristezas, etc. Por ejemplo: "... но в том, что позволяет им пережить безграничную любовь, неоправданные *страхи* и беспредельные надежды родителей / .... pero sí la que les permite sobrevivir a los cariños descomedidos, los miedos irracionales y las esperanzas alegres de los padres", etc. (Corpus nacional).

El análisis de la compatibilidad de la nominación directa del concepto emocional *страх* manifiesta la importancia de los siguientes rasgos: *двигаться* "moverse" – *остановиться* "pararse", *жить* "vivir" – *умирать* "morir", *преодолевать* "superar" – *порождать* "generar", *показывать* "mostrar" – *скрывать* "ocultar", *понимать* "entender" – *чувствовать* "sentir". Podemos observar la naturaleza binaria de estos elementos, que es bastante típica para la estructura de los contextos emocionales. El miedo en ruso se percibe con mayor frecuencia como una causa que da lugar a una condición incómoda y dolorosa que puede paralizar la voluntad de una persona. La mayoría de las reacciones físicas de una persona en dicho estado está reflejada en nuestro material analizado que también incluye una serie de acciones realizadas instintivamente.

4.   CONCEPTO DE *ГНЕВ* "IRA" EN LA VISIÓN DEL MUNDO EN RUSO

Гнев "ira" junto con la alegría, el miedo, la tristeza y la sorpresa compone las emociones básicas de uno. Como es bien sabido, las emociones surgen como respuesta a un evento que en diferentes medidas es importante para una persona que expresa su actitud en relación con el mundo conforme lo va conociendo. Con tal valoración, el nivel de satisfacción o insatisfacción demostrado por una persona se determina no solo de acuerdo con su propia experiencia, sino con la experiencia de toda la humanidad, que se manifiesta, en particular, en presencia de normas éticas y sociales responsables de la aceptabilidad o inaceptabilidad de lo que está sucediendo.

Por lo tanto, la subjetividad de los sentimientos y sensaciones emergentes, que tienen en su base el placer o el desagrado, se combina con una cierta "objetividad" que está compuesta por normas bien conocidas. En este sentido, la ira como estado y sentimiento de fuerte indignación provocado por la situación actual está considerada como una emoción desagradable tanto para quien la experimenta como para los demás.

La nominación directa de este concepto se la constituye el sustantivo *гнев* que es "un sentimiento de fuerte indignación" (Diccionario de Ozhegov). Sus sinónimos incluyen: *бешенство* "furia", *досада* "lástima", *исступление* "furia", *запальчивость* "vehemencia", *злость* "rencor", *негодование* "indignación", *недовольство* "insatisfacción", *немилость* "desgracia", *неудовольствие* "disgusto", *нерасположение* "desgracia", *несочувствие*, *озлобление* "rencor", *опала* "desgracia", *остервенение* "rabia", *раздражение* "irritación", *свирепость* "ferocidad" , *ярость* "furia", entre los cuales los más usados son *бешенство*, *досада*, *злоба*, *злость*, *негодование*, *недовольство*, *раздражение*, *ярость*. *Бешенство* se caracteriza como "un grado extremo de irritación", *досада* – "un sentimiento de irritación, desagrado debido al fracaso, resentimiento", *злоба* – "un sentimiento de ira, hostilidad hacia alguien", *злость* – "maldad, sentimiento o estado de ánimo hostil de carácter irritado", *негодование* – "resentimiento, descontento extremo", *недовольство* – "falta de satisfacción, actitud negativa hacia alguien o algo", *раздражение* – "un estado de molestia, descontento causado por algo", *ярость* – "una ira fuerte" (Diccionario de Ozhegov). Así, según el grado de manifestación de los sentimientos, *бешенство*, *негодование* estarán más afines a *гнев*, mientras que *ярость*, según los diccionarios, se manifestará aún con más fuerza. Si comparamos *гнев* y *злость*, *злоба*, podemos notar que la primera en su semántica se caracteriza por la presencia de un elemento de evaluación ética, lo que se confirma por el límite de su compatibilidad con los nombres de sujetos que no son éticos. Por ejemplo: sería inapropiado utilizar la frase *гнев собаки* en vez de la frase aceptada *злость собаки* (Krylov, 2006).

En la lengua rusa el sustantivo *гнев*, según los diccionarios etimológicos, se forma a partir de la misma raíz que el verbo *гнить* "pudrirse". Lo más probable es que esta palabra derive de un sufijo relacionado con el verbo *гнить*, y en este caso, *гнев* significaba literalmente "un sentimiento de irritación" (debido a cierto daño) (Diccionario de Shansky). El desarrollo del significado procedió de esta manera: *гниение* "proceso de pudrirse", *гниль* - "podredumbre", *гной* - "podre", *яд* - "veneno", *злоба* - "rencor", *гнев*

- "ira" (Diccionario de Krylova). En los textos rusos antiguos, la estructura del concepto *ira* encierra un conjunto de propiedades, de las cuales las principales son morbosas (la ira como enfermedad, un estado de enfermedad de una persona), de carácter natural (la ira como fuego o líquido), fisiológicas (la ira como hambre y sed), antropomórficas (la ira como un ser vivo), zoomórficas (la ira como un animal peligroso), espaciales (la ira como un recipiente), de carácter de propiedad (la ira como un tipo de propiedad, propiedad humana), de carácter artefacto (la ira como instrumento de acción, arma militar) (Kondratieva, 2006). Según los diccionarios del siglo xvIII y principios del xIX, el sustantivo *гнев* tiene el significado de "un fuerte sentimiento de indignación; gran molestia", "mostrando un alto grado de indignación por el enfado que nos causaron". Aparte encontramos el uso de la frase hecha *Гнев Божий* que significa "una desgracia que sufrimos por nuestros pecados" (DAR, DLEER). En el Diccionario de Dal, *гнев* se caracteriza como "un fuerte sentimiento de indignación: una molestia apasionada e impetuosa: impulso apasionado; ira, rencor" (Diccionario de Dal).

En general, podemos hablar sobre la preservación de la semántica de este sustantivo, aunque en el ruso actual se enfatiza el grado de manifestación de esta emoción como "un sentimiento de fuerte indignación, un estado de extrema irritación o desagrado causado por algo o alguien (generalmente se expresa de una manera muy emocional)" (Diccionario de Efremova). De ahí que, según las definiciones del diccionario, podamos destacar definiciones tan importantes como *чувство* "sentimiento", *сильный* "fuerte", *негодование* "indignación", *возмущение* "resentimiento", *бешенство* "furia".

Con el objetivo de identificar los modelos más productivos, es necesario estudiar las relaciones sintagmáticas. El estudio de las combinaciones verbales seleccionadas demuestra que la más relevante para este sustantivo es la función de objeto directo, y después, por orden decreciente según la relevancia, mencionaremos la función de objeto indirecto, causa y estado. Las más importantes son las siguientes combinaciones: *вызывать* "causar", *бояться* "tener miedo", *преодолевать* "superar", *трансформировать* "transformar", *чувствовать* "sentir" y la capacidad de expresar cualquier *intensidad de ira*. Analicemos cada una de ellas.

- *Вызывать гнев. Гнев* es una reacción ante situaciones en las que no se cumplen las obligaciones y promesas, cuando se nos engaña o se nos traiciona, se violan las normas de comportamiento, se limita la libertad personal, etc. Se trata de una emoción enérgica e impulsiva, acompañada de acciones verbales y físicas que se producen de una manera inmediata, destinadas a resolver de alguna manera el problema que ha surgido. Por otro lado, es un sentimiento de pesadez que provoca la eliminación o el daño de lo que lo provoca, percibido en la mayoría de los casos como una experiencia desagradable y repugnante. En general, en ruso la ira la podemos *provocar, crear, generar*, etc. Por ejemplo:

  "Мое? — торопливо отозвался арестованный, всем существом выражая готовность отвечать толково, не *вызывать* более *гнева* / ¿El mío? — preguntó de prisa el detenido, descubriendo con su expresión que estaba dispuesto a contestar sin provocar la ira",

"Тогда он постарался представить себе, в какую именно причудливую форму *выльется гнев* вспыльчивого прокуратора при этой неслыханной дерзости арестованного / Trató de imaginarse qué forma concreta adquiriría la ira del impulsivo procurador tras oír tan inaudita impertinencia", etc. (Corpus nacional).

- *Преодолевать гнев.* Los verbos más frecuentes son *побеждать* "ganar", *опережать* "adelantar", *отвратить* "desviar", *подавить* "reprimir", *попридержать* "retener", *усмирять* "reprimir", *сдерживать* "contener" y otros. Por ejemplo:

  "Однако он старался *сдержать* свой *гнев* и, скрывая неудовольствие, отвечал весьма туманными фразами / pero resuelto a contener y disimular su enfado, no contestó sino con palabras vagas", Делать нечего, пришлось *подавить* свой *гнев*. Не годится мужчине срывать на горемыке зло, накипевшее на подлеца / No hubo más solución que soterrar el genio; pagar con infelices la furia que guardamos para los ruines, nunca fue cosa de hombres", etc. (Corpus nacional).

- *Гнев* puede ser transformado o cambiado. Por ejemplo: *менять* "cambiar", *отражать* "transformar", *переключать* "cambiar", *переносить* "llevar", *разделять* "dividir", *направлять* "dirigir", *подогревать* "calentar", *усугублять* "agravar" y otros. Por ejemplo: "Привычная работа так *усмирила гнев*… / El trabajo habitual ha calmado la ira", "Не вижу, куда *направить* мой *гнев* / No veo a dónde dirigir mi ira", etc. (Corpus nacional). El típico es el uso de la unidad fraseológica *сменять (поменять) гнев на милость* "pasar de la ira al perdón" a menudo tiene una connotación irónica: "Однако судьба его вдруг *сменила гнев на милость* / Sin embargo, su destino de repente lo llevó de la ira al perdón", etc. (Corpus nacional).

- A *гнев* la suelen *бояться* "temer", *избегать* "evitar", *опасаться* "cuidarse", etc. Por ejemplo: "Письма, накануне ею написанные, были сожжены; ее горничная никому ни о чем не говорила, *опасаясь гнева* господ / Las cartas que escribió la víspera fueron quemadas: su doncella, temiendo la ira de los señores, no dijo nada a nadie" (Corpus nacional), etc. Junto con el miedo, *гнев* se convierte en una emoción *безжалостный* "despiadada", *беспощадный* "implacable", *мертвый* "muerta", *неописуемый* "indescriptible", *смертный* "mortal", *страшный* "horrible", *ужасный* "terrible", *черный* "negra".

- Se puede sentir *гнев*, expresándolo o, al revés, ocultándolo: *испытывать* "experimentar", *преисполняться* "llenarse", *ощущать* "sentir", *принимать на себя* "asumir", *чувствовать* "sentir", *показывать* "mostrar", *выплескивать* "expresar", *выражать* "expresar", *демонстрировать* "mostrar", *скрывать* "ocultar" y otros. Cuando alguien está enfadado, se nota toda una serie de cambios a nivel fisiológico: sube el ritmo cardíaco, sube la presión arterial, sube el nivel de adrenalina, lo que aporta más energía y permite que uno recurra a una acción drástica, etc.

La fuerza e intensidad de *la ira* en ruso se refleja en combinaciones con tales adjetivos como *бессильный* "impotente", *спокойный* "tranquilo", *легкий* "ligero", *тихий* "silencioso", *наибольший* "más grande", *бешеный* "rabioso", *великий* "gran, grande", *заметный* "visible", *нарастающий* "creciente", *неистовый* "furioso", *обильный* "abundante", *пламенный* "ardiente", *сильный* "fuerte", *страстный* "apasionado", *яростный* "furioso", *горячий* "caliente", etc.

Por lo tanto, los resultados de nuestro estudio demuestran que, en la función del objeto directo, el sustantivo *гнев* se usa con mayor frecuencia con los verbos *бояться, вызывать, навлекать, испытать, сменять*, lo que está determinado, como ya lo hemos señalado antes, por la importancia de tales combinaciones como *вызывать, бояться, преодолевать, трансформировать*, y su capacidad de expresar cualquier intensidad de *гнев*. El péndulo del comportamiento verbal en dicho estado emocional oscila entre el silencio y el grito. A la hora de experimentar *гнев* se puede *велеть* "ordenar", *восклицать* "exclamar", *вскрикивать* "gritar", *говорить* "hablar", *заявлять* "declarar", *напоминать* "recordar", *отвечать* "responder", *желать* "desear", *требовать* "exigir", *призывать* "llamar", *приказывать* "ordenar", *произносить* "pronunciar", *молчать* "callarse", etc. En este caso el acto del habla puede ser de una naturaleza completamente diferente: *думать* "pensar", *писать* "escribir", *молчать* "callarse". Este último en este caso expresa una emoción muy fuerte, que será "parlante", que también es una técnica peculiar y típica aplicada para verbalizar emociones (Votyakova, 2015), aunque en una situación de ira también vemos el silencio forzado de la parte contraria o una reacción a esta ira: "И больше всего *боялась*, что он *в гневе* велит ей замолчать / Y, sobre todo, temía que él, enojado, le dijera que se callara", "Я поторопился уйти, чтобы *не дать волю* своему *гневу* / Me largué para no caer en un ataque de cólera", etc. (Corpus nacional). A pesar del gran número y diferente naturaleza de las reacciones, la expresión representativa más frecuente que podemos considerar es la combinación *кричать в гневе*. "Да полноте, маменька, с вашими доказательствами! — *с гневом вскрикнула* Зина и нетерпеливо топнула ногою / ¡Basta ya de pruebas, mamá! – grita Zina impaciente, golpeando el suelo con el pie" (Corpus nacional).

Гнев no es una emoción que nos haga sentir bien o que aporte grandes beneficios al organismo. Al contrario, consume muchos recursos tanto físicos como psicológicos no deseados y nos hace aprender a controlar este estado. También hace falta subrayar que, generalmente, *гнев*, a diferencia del miedo o la sorpresa, se caracteriza por el comienzo de un movimiento o el movimiento como tal, y no por una demora: *носиться* "correr", *подпрыгивать* "saltar", *трястись* "temblar", etc.

Гнев, al tener un componente motivacional importante, como ya hemos destacado antes, en combinación con el miedo se convierte en una emoción más intensa y apasionada. En situaciones extremas, puede generar reacciones de odio y violencia tanto verbal como física. Al experimentar ira, uno puede dañar algo: *колотить* "golpear", *наказывать* "castigar", *отнимать* "quitar", etc. Por ejemplo: "В разгар одного из домашних скандалов Мина *в гневе бросилась* на дочь с ножом для резки хлеба / En la más ácida de sus muchas disputas domésticas, Mina perdió los estribos y levantó contra la hija el cuchillo de la panadería", etc. (Corpus nacional).

Así, al expresar el estado de ira, se manifiesta claramente la conexión con los verbos de carácter del habla (especialmente con *кричать* "gritar"), así como con los verbos, que muestran un intenso efecto destructivo.

Una característica de esta emoción consiste en su conexión asociativa con el fuego, que se manifiesta en el uso del sustantivo con tales verbos como *пылать* "arder", *взорваться* "explotar", *возгореться* "encenderse", *вспыхнуть* "encenderse", *ослепить* "deslumbrar", *разгореться* "enardecerse", *опалить* "quemar", *сверкнуть* "brillar", etc. La metáfora del fuego "destaca el poder de la ira, el peligro que esta presupone para los demás y los daños que sufre el mismo sujeto de esta ira" (Smolyanko, 2010: 178). Por ejemplo:

> "Матроны *пылали гневом* / Las matronas ardían de indignación!", "Лейтенант Амадо Гарсиа Герреро испугался, что тот сейчас *взорвется*, приступы *гнева* случались у де-ла-Масы с тех пор, как по указанию Трухильо несколько лет назад убили его брата Октавио / El teniente Amado García Guerrero temió que fuera a estallar en uno de esos arrebatos a los que De la Maza era propenso desde que Trujillo hizo asesinar a su hermano Octavio, años atrás", etc. (Corpus nacional).

Véase también las frases *искра* "chispa" *гнева, пламя* "llama" *гнева, вспышка* "brote" *гнева,* etc. Puede ser que estos ejemplos reflejen el antiguo simbolismo eslavo, puesto que el fuego era un símbolo de *ira* entre los eslavos.

El color rojo siempre acompaña a esta emoción, explicado, por un lado, por el sofoco, pero, por otro lado, dando lugar a una clara conexión con el fuego. Dentro del marco de nuestro estudio se nota el uso frecuente de la frase *красный от гнева* "rojo de ira": "*Красный от гнева*, он поднялся в комнату Пенелопы и вытащил ее из постели за волосы… / Rojo de rabia, subió al dormitorio de Penélope y la sacó de la cama arrastrándola por el pelo…", etc. (Corpus nacional). Además, registramos frases como *покраснев от гнева, красная пелена гнева, красные пятна от гнева, краснолицый мужчина*, etc. Por otro lado, destacan las construcciones como *побледнеть от гнева* "palidecer de ira", *побелеть от гнева* "ponerse blanco de ira", que también tienen una conexión semántica con el rojo, contrastando con éste.

Obviamente, los síntomas de carácter externo y opuesto que denotan la misma emoción suelen reflejar diferentes reacciones fisiológicas y conductuales en una persona. Sin embargo, vemos cómo el predominio de una reacción sobre otra se queda fijada en la lengua.

> "Para los miembros de la etnia rusa, la proporción cuantitativa de ejemplos de la descripción metonímica de la ira es la siguiente: el 48% de los casos tienen que ver con el enrojecimiento de la cara y el 8% se corresponde a la palidez, lo que arroja luz a una conexión conceptual que hay entre la ira y el enrojecimiento de la cara y el cuello dentro de la lengua y cultura rusa. Todo esto se queda reflejado en la visión lingüística del mundo de la lengua rusa" (Markina, 2003: 110).

También vemos una clara conexión semántica que existe entre *гнев* y *болезнь* "enfermedad" (véase tales ejemplos como *заразить* "infectarse", *воспаляться* "inflamarse"), *гнев* y *стихии* "elementos de la naturaleza" (véase tales ejemplos como *грозить* "amenazar", *затуманить* "nublar", *колыхаться* "ondular", etc.), *гнев* y *повышения температуры* "aumento de temperatura" (véase tales ejemplos como *вскипать* "hervir", *закипать* "hervir", *подогревать* "calentar"). Por ejemplo:

> "Ко мне пришел лазутчик и объявил желание Хаджи-Мурата отдаться мне, — отвечал Воронцов, бледнея от волнения, ожидая грубой выходки разгневанного генерала и вместе с тем *заражаясь* его *гневом* / Vino a verme un mensajero para comunicarme el deseo de Hadyi Murad de rendirse ante mí – respondió Vorontsov, quien, pálido de agitación, esperaba una grosería del furioso general seguida de su propia explosión de ira", etc. (Corpus nacional).

El carácter natural de *гнев* se enfatiza mediante tales adjetivos como *беспричинный* "sin causa", *необъяснимый* "inexplicable", *непредсказуемый* "impredecible", *стихийный* "espontáneo". En este caso, el aumento de la temperatura puede componer un elemento común para los elementos de la naturaleza, el fuego y la enfermedad.

En el caso de que *гнев* acompañe la acción, aparecen tales combinaciones como *говорить* "hablar" – *молчать* "callarse", *начать двигаться* "empezar a moverse". Con *гнев* uno puede *восклицать* "exclamar", *говорить* "hablar", *прерывать* "interrumpir", *произносить* "pronunciar", *кричать* "gritar", *звучать* "sonar", etc.; *вставать* "levantarse", *махать* "agitar", *отправляться* "irse", *реагировать* "reaccionar", etc. De manera general, se trata de un conjunto de acciones tanto verbales como no verbales de carácter brusco.

Las emociones son un fenómeno multifactorial. Podemos hablar de la subjetividad de los sentimientos y sensaciones que emergen y que tienen en su base, por regla general, el agrado o desagrado de la situación. Sin embargo, podemos hablar también del aspecto fisiológico, cuando ocurren algunos cambios en el estado fisiológico de una persona; sobre el aspecto funcional, cuando lo que está sucediendo provoca diversas emociones que empujan, a su vez, a una persona a actuar de cierta manera. Entre todas las maneras de actuar podemos mencionar, por ejemplo, la de movilizar fuerzas para hacer frente a la amenaza que ha surgido. Además, los factores no verbales, tales como los gestos, las expresiones faciales, etc., juegan un papel importante.

Гнев puede surgir como respuesta a eventos que interrumpen por completo los planes y no cumplen con los estándares socialmente aceptables, así como otra persona y su comportamiento reprochable, desde nuestro punto de vista. En tales condiciones, una persona decide que puede controlar el proceso y resistirlo, así como también cómo puede sobrevivir en esta situación o adaptarse a sus consecuencias. *Гнев* en la función de causa puede representar un comportamiento verbal bastante brusco: *ахать* "decir ah", *выкрикивать* "gritar", *закрывать рот* "cerrar la boca", *рычать* "gruñir", *неметь* "entumecerse"; o también, como hemos señalado antes, el aumento de la temperatura o generación de rubor: *вспыхивать, закипать, кипеть, загораться, багроветь, белеть, бледнеть, краснеть, пылать*; y otras reacciones físicas: *дрожать* "temblar", *задыхаться* "jadear", *плакать* "llorar", *трястись* "temblar", *содрогаться* "temblar", etc. Ponemos de ejemplo: "Она *задыхалась от гнева.* — Ты дитя, Зина, — раздраженное, больное дитя! — отвечала Марья Александровна растроганным, слезящимся голосом / La ira la ahogaba. – Eres una niña, Zina, una niña irascible y enferma – respondió Marya Aleksandrovna con voz conmovida y llorosa", etc. (Corpus nacional).

Гнев cumple una variedad de funciones adaptativas, incluida la organización y regulación de procesos mentales, psicológicos y fisiológicos asociados con la autodefensa y la regulación del comportamiento social e interpersonal. Curiosamente, los adjetivos suelen reflejar la conexión entre la ira y el poder (del señor, del general, del jefe, del príncipe, del rey, del estado, etc.): *барский, господский, генеральский, начальственный, кремлевский, полковничий, думский, государев, княжеский, королевский, монарший, царский, верховный, государственный*, etc. *Гнев* se percibe como el poder del pueblo o de Dios: por ejemplo, *пролетарский, общенародный, народный, гражданский, массовый; божий, господний.*

Los investigadores precisan en sus trabajos el alto estatus social asociado con la emoción de la ira en la lengua rusa. En la mentalidad rusa se le atribuyen el poder supremo, tanto terrenal como divino (Lyubimova, 2021, p. 8, p. 16) y también la posibilidad de regular las relaciones sociales (Gajdarova, 2011, p. 10). Por un lado, notamos la inevitabilidad de la *ira*, pero, por otro lado, vemos su lado positivo: su carácter justificado, su claridad e impecabilidad. Los adjetivos más frecuentes son *праведный* "justo", *народный* "del pueblo", *Божий* "de Dios", реже – *благородный* "noble", *справедливый* "justo", *страшный* "terrible", *начальственный* "superior".

Гнев produce una importante movilización de energía para reacciones defensivas y ofensivas caracterizadas por una alta dosis de energía, fuerza y resistencia. Muy a menudo *гнев* se caracteriza como una acción impaciente, que se manifiesta en el uso frecuente de combinaciones de palabras con adjetivos como *безудержный* "impetuoso", *внезапный* "repentino", *скорый* "rápido". Además, la ira en ruso puede ser *sincera* y también *controlada.* Así, la representación del concepto emocional *гнев* demuestra todo un abanico de reacciones cognitivas y conductuales que cambian constantemente según las condiciones y requisitos tanto internos como externos.

El estudio del uso de modelos sintagmáticos con este sustantivo muestra que *гнев/ira* suele ser el objeto de la acción. En este caso, las siguientes combinaciones son las más significativas: *двигаться, вызывать, бояться, преодолевать, трансформировать, говорить – молчать, чувствовать.* Entre los factores importantes mencionaremos la intensidad y la sorpresa, ya que, por regla general, *гнев* se acompaña de acciones verbales y no verbales bruscas, rápidas y fuertes. En nuestra investigación se distinguen en la lengua rusa notables conexiones semánticas que se establecen entre *ira* y *fuego*, *ira* y *enfermedad*, *ira* y *elementos de la naturaleza*.

5. CONCEPTO DE *УДИВЛЕНИЕ* "SORPRESA" EN LA VISIÓN DEL MUNDO EN RUSO

Удивление "sorpresa", siendo una emoción básica, forma una parte integral de la visión emocional del mundo, que cuenta con características tanto universales como específicas y a la hora de su verbalización, junto con la orientación antropocéntrica de los conceptos emocionales, determina la relevancia del estudio de la representación del concepto de *удивление*.

La nominación directa del concepto en consideración es el sustantivo *удивление*, que, según las definiciones del diccionario, puede tener los siguientes significados, como "una impresión de algo inesperado y extraño, incomprensible" (Diccionario de Ozhegov); "un estado causado por una fuerte impresión de algo que choca con su carácter inusual, extraño o incomprensible" (Diccionario de Ushakov); "un estado causado por una fuerte impresión de algo inusual, inesperado, extraño, incomprensible; asombro" (Diccionario de Evgenieva); "un estado causado por una fuerte impresión de algo inusual, inesperado, extraño, incomprensible; asombro" (Diccionario de Kuznecov); "el proceso de acción que proviene de los verbos sorprender, ser sorprendido", "el resultado de tal acción; un estado causado por una fuerte impresión de algo que golpea con asombro, extrañeza" (Diccionario de Efremova).

El sinónimo de este sustantivo es *изумление*, que significa "sorpresa extrema", y los diccionarios de sinónimos lo explican como tener un impacto y una impresión muy fuerte causada por algo. Por ejemplo: "*Удивление* иностранца превратилось в настоящее *изумление* / La sorpresa del extranjero se ha convertido en un verdadero asombro", "…но его *удивление* перейдёт в крайнее *изумление*, когда скажу, что я отрицаю этот постулат… / …pero su sorpresa se convertirá en un asombro extremo cuando diga que niego este postulado…", etc. (Corpus nacional). Es posible que tal diferenciación semántica de los sinónimos esté asociada a su base etimológica, ya que *удивление* en su origen se remonta al verbo eslavo *дивиться* que significa "смотреть, глядеть" (Diccionario de Shansky), mientras que *изумление* se refiere al verbo изумить, cuyo equivalente en eslavo antiguo es *изоумити* que significa "volver loco a alguien, hacerle perder la razón". Dicho verbo está formado a partir de la combinación de palabras *"из ума выйти"*, que encierra el significado de "volverse loco" (Savinova, 2011, p. 11).

Así, según las definiciones que encontramos en el diccionario, podemos destacar definiciones tan importantes como *состояние* "estado", *действие* "acción", *впечатление* "impresión", *неожиданность* "sorpresa", *странность* "rareza", *непонятность* "algo incompresible", *необычность* "algo inusual".

Todas estas características de *удивление* que están mencionadas anteriormente se deben al hecho de que esta emoción se considera transitoria, capaz de convertirse más tarde en otro estado.

Удивление según Mikhajlova es

> "uno de los estados emocionales, que puede ser la respuesta-reacción por parte del destinatario ante un determinado estímulo procedente del exterior de carácter tanto verbal (algunos comentarios sobre situaciones que contienen alguna información) como no ver-

bal (realidad, cierta situación de la vida real). Dicho estímulo no corresponde a su visión ingenua del mundo (a sus ideas sobre este mundo, sus puntos de vista y experiencias)" (Mikhajlova, 2010: 55).

Nos vemos obligados a subrayar que tales características como la transitividad, la interacción, la fluidez de los conceptos emocionales y su carácter abierto presuponen algunas de sus peculiaridades. Sin embargo, en cuanto a *удивление*, todo lo mencionado constituirá su característica fundamental. C. Izard señala que "la función principal de la sorpresa es preparar a una persona para poder llevar a cabo una interacción efectiva después de que se haya introducido un nuevo evento inesperado y hayan aparecido sus consecuencias… La sorpresa libera el circuito neuronal con el objetivo de prepararlo para una nueva actividad diferente a la anterior" (Izard, 2000: 193-195). La sorpresa se ve como una emoción capaz de crear una reacción en cadena (Kovshova, 2014). Ponemos de ejemplo algunos casos extraídos del Corpus nacional ruso:

- *удивление* que va convirtiéndose en *гнев* "ira", *возмущение* "resentimiento": "На его красивом лице быстро сменялись выражения *удивления*, презрения, *гнева*… / En su hermoso rostro las expresiones de sorpresa, desprecio e ira fueron rápidamente reemplazadas…", "Теперь ее *удивление* превратилось в *возмущение*… / Ahora su sorpresa se ha convertido en indignación…", etc. (Corpus nacional);
- *удивление* que va convirtiéndose en *страх* "miedo", *ужас* "horror": "К *удивлению* Чика, переходящему *в ужас*, он увидел, что огромная собака сейчас стоит возле люльки… / Chick pasó de la sorpresa al horror tras ver un enorme perro cerca de la cuna…", etc. (Corpus nacional);
- *удивление* que se va convirtiéndose en *радость* "alegría", *восхищение* "admiración": "*Удивление* сменилось радостью… / La sorpresa pasó a ser alegría…", etc. (Corpus nacional).

Entre las peculiaridades de *удивление* encontramos, como indican los investigadores, su neutralidad y su carácter poco duradero. A pesar de que esta emoción puede ser experimentada por cualquier persona, es bastante difícil de describir.

"Parcialmente esto se debe al hecho de que la sorpresa es de corta duración, pero un papel aún más importante lo juega el hecho de que en el momento de la sorpresa nuestra mente parece estar vacía, todos los procesos de pensamiento parecen detenerse. Por eso la reacción de sorpresa no se comprende con toda claridad. Cuando nos sorprendemos, no sabemos cómo responder a este estímulo; su brusquedad nos da una sensación de incertidumbre" (Izard, 2000: 190).

En nuestro material, dicha característica de *удивления* se refleja en el uso de frases que incluyen las palabras *давний* "antiguo", *мимолётный* "fugaz", *первый* "primero", *быстрее молнии* "más rápido que un rayo" que subrayan la característica temporal de la emoción.

Удивление es de naturaleza neutra debido a la discrepancia entre la situación esperada y la real que, por su carácter inesperado, puede desarrollarse según diferentes escenarios. Como señalan los investigadores, todo aquello que sucede en contra de las ideas predominantes, que supera las expectativas, causa desconcierto, da la impresión de extrañeza y necesita alguna explicación, conlleva a *удивление* (Bochkarev, 2018). *Удивление* puede seguir teniendo un carácter sensualmente neutral y desvanecerse al final si un cambio en la situación no afecta los intereses de una persona. Si para uno dicha emoción no es indiferente, entonces *удивление* adquiere una valoración positiva o negativa, es decir, se convierte en una sorpresa agradable o desagradable (Luk, 1972).

Al mismo tiempo, *изумление* actúa como un efecto de sorpresa, es decir, "un senti-miento momentáneo muy fuerte asociado con una reacción prolongada o con una inmo-vilidad completa" (Luk, 1972). Esta dualidad, que es propia para este concepto emocional, se ve reflejada en su capacidad de ser verbalizada mediante oraciones que incluyen adjetivos que son opuestos en cuanto al significado de su evaluación: *весёлый* "alegre", *восторженный* "entusiasta", *приятный* "agradable", *радостный* "alegre", *отзывчивый* "receptivo", *честный* "honesto", *искренний* "sincero", etc.; *гадливый* "feo", *жалобный* "quejoso", *завистливый* "envidioso", *насмешливый* "burlón", *насторожённый* "atento", *тупой* "tonto", *укоризненный* "reprochado", *недоверчивый* "desconfiado", *странный* "raro", *притворный* "falso", etc. Ponemos de ejemplo: "Телефон! — наконец тонким голосом воскликнул Лужин и, указывая пальцем на аппарат, с *нарочитым удивлением* захохотал /¡El teléfono! — exclamó Luzhin por fin en voz muy alta, y señalándolo con el dedo comenzó a reír con calculado asombro", "Ах ты сопляк! — с *грозным удивлением* сказал бородатый / ¡Vaya, mocoso! — replicó el barbudo, con amenazadora sorpresa", etc. (Corpus nacional).

Por lo tanto, *удивление* se caracteriza como una emoción antecedente, intermedia y no del todo clara, lo que lleva a que el hablante intente "definir" su esencia de alguna manera. Destacamos tales frases como *безусловное* "incondicional" *удивление*, *очевидное* "obvio" *удивление*, *нескрываемое* "no ocultado" *удивление*.

Con el objetivo de identificar otros rasgos significativos que caracterizan el proceso de comprensión de este concepto y que están relacionados con su contenido, se han analizado los modelos sintagmáticos más productivos y se han identificado las combina-ciones más significativas y estrechamente interrelacionadas entre sí: *говорить* "hablar" – *молчать* "estar callado"; *двигаться* "moverse" – *останавливаться* "pararse", *выражать* "expresar" – *скрывать* "ocultar", *понимать* "entender", *чувствовать* "sentir", *вызывать* "llamar, producir" – *уничтожать* "destruir". Se puede observar que, generalmente, dicha verbalización está asociada con la expresión no verbal de una emoción, así como con su percepción y la capacidad de una persona de analizar esta emoción. Todo esto se ve reflejado en el uso de las frases verbales correspondientes. Las características en cuestión interactúan entre sí, porque la capacidad de expresar emociones revela una estrecha relación que tiene con el movimiento corporal. No es de sorprender que "la forma interna de la mayoría de las unidades fraseológicas rusas con la semántica de sorpresa contenga un código somático" (Belaya, 2006: 258).

Examinamos los del uso del sustantivo *удивление*, tomados por muestreo aleatorio de los materiales del Corpus nacional ruso.

Un análisis de combinaciones de verbos manifiesta que *удивление* en el 11% de los casos se usa con el significado de la causa de una acción o un estado. En este caso, las siguientes combinaciones son las más importantes:

- *говорить – молчать*: *вскрикнул от удивления* "gritar de sorpresa", *сказать от удивления* "decir de sorpresa", *переспросить от удивления* "preguntar otra vez de sorpresa", *присвистнуть от удивления* "silbar de sorpresa", *замолчать от удивления* "callarse de sorpresa", *онеметь от удивления* "ponerse mudo de sorpresa", *не вымолвить ни слова от удивления* "no decir ninguna palabra de sorpresa", *согласиться от удивления* "ponerse de acuerdo de sorpresa", etc. Este rasgo es muy importante, porque refleja la capacidad de una persona para responder verbalmente a lo que está sucediendo. Por ejemplo: "Вдруг старичок *вскрикнул от удивления* / De repente el viejo dejó escapar una exclamación de asombro", etc. (Corpus nacional). Al mismo tiempo, es obvio que la pausa al hablar también presenta una de las formas de representar esta emoción.

- *двигаться – останавливаться*: a) cara de una persona: *раскрывать глаза от удивления* "abrir los ojos de sorpresa", *открывать рот от удивления* "abrir la boca de sorpresa", *расширять глаза от удивления* "abrir los ojos de sorpresa", *разевать рот от удивления* "abrir la boca de sorpresa", *переставать жевать от удивления* "dejar de masticar de sorpresa", etc.; б) cuerpo de una persona: *вздрагивать от удивления* "estremecerse de sorpresa", *всплескивать руками от удивления* "levantar las manos de sorpresa", *наклоняться от удивления* "inclinarse de sorpresa", *подпрыгивать от удивления* "saltar de sorpresa", *подскакивать от удивления* "saltar de sorpresa", *садиться от удивления* "sentarse de sorpresa", *задыхаться от удивления* "jadear de sorpresa", *переставать дышать от удивления* "dejar de respirar de sorpresa", *останавливаться от удивления* "pararse de sorpresa", *замирать от удивления* "quedarse helado de sorpresa", *оторопеть от удивления* "quedarse helado de sorpresa", *парализовать от удивления* "paralizarse de sorpresa", etc.

Nuestro estudio muestra que la amplitud de los movimientos realizados por una persona al experimentar sorpresa varía de nula a bastante significativa. Al mismo tiempo, el "movimiento cero", al igual que en el caso anterior, es un indicador importante de la manifestación de la emoción. Mostramos algunos ejemplos:

> "Швейцар у дверей, выкатив глаза и даже *подпрыгивая от удивления*, глядел на черную доску, стараясь понять такое чудо: почему это завизжал внезапно список жильцов / El conserje, asombrado, con los ojos fuera de las órbitas, *dio un respingo*, se quedó mirando la tabla, tratando de entender aquel milagro. ¿Cómo es que la lista de inquilinos había gritado?", "Расшалившись в спальне, Наташа мазнула кремом Николая Ивановича и сама

оторопела от удивления / Entre otras travesuras, a Natasha se le había ocurrido ponerle en la calva a Nikolái Ivánovich un poco de crema. Se quedó asombrada", "О нет, прокуратор, — даже *откинувшись от удивления* в кресле, ответил Афраний, — простите меня, но это совершенно невероятно! / ¡Oh, no, procurador! — contestó Afranio, retrocediendo asombrado —. Usted perdone, pero es completamente imposible", etc. (Corpus nacional).

En nuestra investigación hemos descubierto que en más del 25 % de los casos *удивление* "sorpresa" actúa como objeto de acción. Los siguientes elementos son los más relevantes:

- *показывать – скрывать: выражать удивление* "expresar sorpresa", *изображать удивление* "demostrar sorpresa", *проявлять удивление* "demostrar sorpresa", *сдерживать удивление* "contener la sorpresa", *скрывать удивление* "ocultar sorpresa", etc.
- *вызывать – уничтожать: стирать удивление* "borrar la sorpresa", *прерывать удивление* "interrumpir la sorpresa", *лишать удивления* "quitar la sorpresa", *преодолевать удивление* "superar la sorpresa", *возбуждать удивление* "despertar la sorpresa", *вызывать удивление* "producir sorpresa", etc.
- *чувствовать: видеть удивление* "ver sorpresa", *замечать удивление* "darse cuenta de la sorpresa", *испытывать удивление* "sentir sorpresa", *слышать удивление* "oír una sorpresa", *улавливать удивление, чувствовать удивление* "sentir sorpresa", etc.

En la mayoría de los casos *удивление*, cuando se presenta como objeto, *вызывают* "se evoca" o *выражают* "se expresa", lo que indica el deseo de una persona de subyugar esta emoción y controlarla. Esto se confirma indirectamente por el hecho de que una persona puede imitar la sorpresa.

La posición principal de *удивление* como forma de expresar la acción es obvia, porque se percibe en casi el 64 % de los casos. Ponemos de ejemplo:

"Приближаясь к желтому домику, так давно соблазнявшему его воображение и наконец купленному им за порядочную сумму, старый гробовщик *чувствовал с удивлением*, что сердце его не радовалось / Cerca ya de la casita amarilla, que desde hacía tanto había tentado su imaginación y que por fin había comprado por una respetable suma, el viejo artesano sintió con sorpresa que no había alegría en su corazón", "Зина *с удивлением слушала* всю эту длинную декламацию, отлично зная, что маменька никогда не впадет в такой тон без причины / Zina escucha con asombro esta larga declamación, bien persuadida de que su madre no adoptaría este tono sin motivo", "Его жена подняла мокрое от слез лицо и *с удивлением уставилась* на маленькую коллекцию вещей, разложенных Лужиным / Su mujer levantó el rostro cubierto de lágrimas y contempló con sorpresa la pequeña colección de objetos depositados por Luzhin", "Таково было первое впечатление, когда он увидел ее, когда *заметил с удивлением*, что с ней говорит / Tal fue su primera impresión cuando la conoció, cuando con sorpresa advirtió que de verdad estaba hablando con ella", "— Еще спят, — сказала горничная, *глядя на него с удивлением*. / —Todavía está durmiendo — dijo la doncella, que le miró con sorpresa", etc. (Corpus nacional).

Sin embargo, también debemos tener presente el importante hecho de si esta acción va acompañada de *удивление* o no. Las combinaciones más relevantes serán:

- *говорить – молчать*: *бормотать с удивлением* "murmurar con sorpresa", *вопрошать с удивлением* "preguntar con sorpresa", *восклицать с удивлением* "exclamar con sorpresa", *говорить с удивлением* "hablar con sorpresa", *отвечать с удивлением* "responder con sorpresa", *повторять с удивлением* "repetir con sorpresa", *произносить с удивлением* "pronunciar con sorpresa", *рассказывать с удивлением* "contar con sorpresa", *спрашивать с удивлением* "preguntar con sorpresa", *перебивать с удивлением* "interrumpir con sorpresa", *описывать с удивлением* "describir con sorpresa", etc.
- *чувствовать*: *воспринять с удивлением* "percibir con sorpresa", *вглядываться с удивлением* "mirar atentamente con sorpresa", *взирать с удивлением* "mirar con sorpresa", *глядеть с удивлением* "mirar con sorpresa", *разглядывать с удивлением* "mirar atentamente con sorpresa", *рассматривать с удивлением* "mirar atentamente con sorpresa", *смотреть с удивлением* "mirar con sorpresa", *наблюдать с удивлением* "observar con sorpresa", *слушать с удивлением* "escuchar con sorpresa", *слышать с удивлением* "oír con sorpresa", *чувствовать с удивлением* "sentir con sorpresa", *ощущать с удивлением* "sentir con sorpresa", etc.;
- *понимать*: *узнавать с удивлением* "conocer con sorpresa", *осознавать с удивлением* "darse cuenta con sorpresa", *догадываться с удивлением* "adivinar con sorpresa", *читать с удивлением* "leer con sorpresa", *обнаруживать с удивлением* "encontrar con sorpresa", *понимать с удивлением* "entender con sorpresa", *признавать с удивлением* "reconocer con sorpresa", etc.;
- *двигаться – останавливаться*: *останавливаться с удивлением* "pararse con sorpresa", *приближаться с удивлением* "acercarse con sorpresa", *хватать с удивлением* "coger por sorpresa", *ходить с удивлением* "andar con sorpresa", etc.

Como muestra nuestra investigación, las más importantes en este grupo son las combinaciones *понимать с удивлением* "entender con sorpresa" y *чувствовать с удивлением* "sentir con sorpresa".

Nuestro estudio ha demostrado que un lugar importante en la representación del concepto de *удивление* lo ocupa un rasgo cognitivo como la intensidad, lo que se refleja en el uso del sustantivo *удивление* con pronombres y adjetivos: *безграничный* "ilimitado", *безмерный* "inmenso", *большой* "grande", *великий* "gran, grande", *крайний* "extremo", *легкий* "ligero", *некоторый* "alguno", *немалый* "considerable, grande", *огромный* "muy grande", *полный* "lleno", *робкий* "tímido", *сильнейший* "muy fuerte", *глубокий* "profundo", *особый* "especial", *тихий* "silencioso", etc. Ponemos de ejemplo:

"Когда, позавтракав, я поднялся на чердак, чтобы произвести метеорологические наблюдения, я с *некоторым удивлением* заметил, что поля за городом приняли определенно синеватый оттенок / Cuando fui a la terraza, después del desayuno, para realizar algunas observaciones meteorológicas, noté con cierta sorpresa que los campos que están más allá del pueblo habían tomado una tonalidad azulada", "Варенуха немедленно соединился с интуристским бюро и, к *полному.удивлению* Римского, сообщил, что Воланд остановился в квартире Лиходеева / Varenuja se puso en contacto inmediatamente con la Oficina de Turistas Extranjeros y Rimski se sorprendió en extremo al saber que Voland se había instalado en casa de Lijodéyev", "Персиков сдвинул очки на лоб, потом передвинул их на глаза, всмотрелся в рисунок и сказал в *крайнем удивлении*… / Persikov se llevó las gafas a la frente, luego volvió a bajarlas, miró la foto y dijo con gran asombro…", etc. (Corpus nacional).

Los investigadores señalan que en la mayoría de los casos *удивление* se percibe como una experiencia positiva: los recuerdos de una situación de sorpresa no son tan agradables como los recuerdos de una situación de alegría, sino mucho más agradables que los recuerdos de situaciones que causaron alguna de las emociones negativas, tales como la tristeza, la ira, el asco, el desprecio, el miedo, la vergüenza (Budyanskaya 2007).

Muy a menudo, la intensidad se manifiesta en el tamaño y la fuerza de *удивление*. Sin embargo, tal y como manifiesta nuestra investigación, el grado más alto de sorpresa puede estar representado por el así llamado "nivel cero": "habla cero" o "movimiento cero". Estos se refieren a los hechos cuando las emociones no se pueden verbalizar: *онеметь от удивления, замолчать, не вымолвить ни слова от удивления, замереть от удивления, парализовать от удивления, остановиться с удивлением*, etc.

En la gran mayoría de estos casos, el sustantivo *удивление* se usa en la función de la causa, y esto da la sensación de que esta situación se debe a dicha emoción. Sin embargo, *удивление* no la genera, y el "cero emocional" en cuestión no es en absoluto neutral, porque no supone la tranquilidad que experimenta uno. Este fenómeno, cuando una persona está sometida a mucho estrés emocional y de repente pierde sin querer la oportunidad de expresar sus sentimientos, también se nota durante la verbalización de otros conceptos emocionales (Votyakova, 2014). Generalmente, la conducta emocional de carácter intenso implica un aumento paralelo de la intensidad verbal y motora. El estado neutral no implica la ausencia de actividad emocional y, por lo tanto, su caída por debajo del nivel neutral a cero, como muestra nuestro estudio, puede considerarse como una señal de mayor respuesta emocional.

Así, lo más importante en el proceso de representación del concepto de *удивление* son los medios lingüísticos que permiten mostrar la reacción de una persona a la hora de experimentar una determinada emoción, así como los intentos de comprenderla. Como hemos señalado antes, las características más significativas en la verbalización son las siguientes: *говорить – молчать, двигаться – останавливаться, выражать – скрывать, понимать, чувствовать, вызывать – уничтожать*. El material de investigación manifiesta la ambivalencia y amplitud de las propiedades de esta emoción: *говорить – молчать, двигаться – останавливаться, выражать – скрывать, вызывать – уничтожать, приятный – гадливый, искренний – притворный*, etc. Al mismo tiempo, el "cero emocional" también puede desempeñar una función peculiar siendo el indicador del estado emocional de una persona.

6. El concepto de *печаль* "tristeza" en la visión del mundo en ruso

En los diccionarios explicativos, *печаль* "tristeza" goza de los siguientes significados:

- "estado de ánimo de carácter lúgubre e inquieto, sentimiento triste, sin alegría"; "lo que inspira este sentimiento es la fuente, la causa (definición antigua), cuidado, disgusto" (Diccionario de Ushakov),
- "un sentimiento de tristeza, pena, un estado de amargura espiritual", "lo mismo que el cuidado (definición que cayó en desuso y es de carácter coloquial)" (Diccionario de Ozhegov),
- "un sentimiento de tristeza, un estado de ánimo deprimido asociado con este sentimiento", "lo que le preocupa y le hace sentir infeliz" (Diccionario de Dmitriev).

Este sustantivo forma parte de una gran serie de sinónimos que incluye tales palabras como *горе* "pena", *горесть* "pena", *грусть* "tristeza", *кручина* "aflicción", *отчаяние* "desesperación", *скорбь* "tristeza, dolor", *прискорбие* "tristeza", *скука* "aburrimiento", *томление* "angustia", *тоска* "agobio", *траур* "luto", *уныние* "desánimo", *сокрушение* "arrepentimiento", *ипохондрия* "hipocondría", *меланхолия* "melancolía", *соболезнование* "condolencias", *сожаление* "arrepentimiento", *боль* "dolor", *горечь* "amargura" (Diccionario de Aleksandrova). Entre ellos, los más comunes son (en orden de frecuencia): *скорбь, скука, грусть, отчаяние, горе, тоска, сожаление* (Diccionario de Frecuencias). Todos estos sustantivos se difieren en su semántica. Por ejemplo, *скорбь* se define como "una tristeza extrema, dolor, sufrimiento (de una intensidad alta)"; *скука* – "angustia por falta de interés hacia el mundo que le rodea a uno", "falta de diversión, entretenimiento (según el registro coloquial)"; *грусть* – "un sentimiento de amargura, abatimiento"; *отчаяние* – "un estado de extrema desesperanza, un sentimiento de desolación"; *горе* – "dolor, tristeza profunda, desgracia"; *тоска* – "ansiedad mental, abatimiento, aburrimiento, (según el registro coloquial) algo muy aburrido, poco interesante"; *сожаление* – "un sentimiento de tristeza, dolor causado por la pérdida, la conciencia de la imposibilidad de cambiar o lograr algo" (Diccionario de Ozhegov).

Entre todos los sentimientos enumerados, *печаль* es el menos definido y aborda un abanico de conceptos que tienen un significado parecido y pueden considerarse como los tipos de tristeza (Sergienko, Gramma 2019, p. 80). Sin embargo, los sinónimos más próximos al sustantivo *печаль* en cuanto al aspecto semántico serán *тоска* y *грусть*, y si hablamos de *печаль*, los investigadores sostienen que ésta ocupa una posición intermedia entre ellos, conmutándose con uno o con el otro en determinados contextos (Yao, 2019, p. 17). Por otro lado, según otras fuentes lexicográficas, *печаль* es una sensación más profunda y fuerte, ya que *грусть* y *печаль* se diferencian según los semas "fuerza", "influencia", "duración" e "intensidad" (Snetkova 2012, p. 136).

Etimológicamente, *печаль* se correlaciona con el léxico que comparten todos los eslavos y está formado mediante el sufijo, derivando así de la palabra *печа* que significa "cuidado", que se remonta a la misma base que la palabra *опека*. *Пека*, que ha caído en desuso, significaba "calor, bochorno". *Печаль* significa literalmente "lo que quema"

(Diccionario de Krylova). En el Diccionario de Shansky se afirma que este sustantivo deriva de la misma raíz que la palabra *грудити* que significa "roer, atormentar" y está asociado con el verbo quemar. Literalmente, significaba "lo que quema" (Diccionario de Shansky). Así, según las definiciones del diccionario, podemos identificar definiciones tan importantes como *грусть, тоска, скорбь*.

Con el fin de identificar los modelos más productivos, hace falta llevar a cabo una investigación de relaciones sintagmáticas. Un estudio de las combinaciones de verbos ha mostrado que el sustantivo *печаль* actúa con mayor frecuencia como objeto directo y las acciones más frecuentes son las siguientes:

- *Вызывать печаль* "provocar tristeza": *вызывать, обострять* "afilar", *подавать* "dar", *придавать* "dar", etc. Por ejemplo: "Эта смерть *вызвала* в его сердце какую-то горькую *печаль*, но Пепита, женщина очень умная, рассеивает ее улыбкой и лаской / Esto ha traído cierta amarga melancolía a su corazón; pero Pepita, que sabe mucho, la disipa con sonrisas y cariño", etc. (Corpus nacional).
- *Получать печаль* "entristecerse": *получать, приносить* "traer", *встречать* "encontrar", *видеть* "ver", *замечать* "notar", etc. Por ejemplo: "Но кроме радости конец сезона *принес* мне и *печаль* — он означал, что все мы должны расстаться / Pero además de la alegría, el final de la temporada también me trajo tristeza, ya que significaba que todos teníamos que separarnos", etc. (Corpus nacional).
- *Преодолевать печаль* "superar la tristeza": *преодолевать, прерывать* "interrumpir", *развеивать* "disipar", *разлюбить* "dejar de amar", *разгонять* "dispersar", *сжимать* "apretar", *стряхивать* "sacudirse", *отбрасывать* "tirar", *лечить* "curar", *смягчать* "suavizar", *снимать* "quitar", *стирать* "borrar", etc. Por ejemplo: "Усилия приходится употреблять лишь на то, чтобы *преодолевать печаль* от сознания того, что его нет с нами… / El esfuerzo debe emplearse solo para superar la tristeza de la conciencia de que él no está con nosotros…", etc. (Corpus nacional).
- *чувствовать печаль* "sentir tristeza": *ощущать* "sentir", *носить* "llevar", *испытывать* "experimentar, sentir", *хранить* "guardar", *чувствовать* "sentir", etc. Por ejemplo: "Но, встречаясь с родителями погибших, еще сильнее *ощущал* горечь и *печаль* утраты / Sin embargo, al reunirse con los padres de las víctimas, sintió aún más la amargura y la tristeza de la pérdida", etc. (Corpus nacional).
- *Выражать радость* "expresar tristeza": *выражать, писать* "escribir", *демонстрировать* "mostrar", *разделять* "compartir", etc. Por ejemplo: "Она не хотела еще никому из посторонних *показывать* своей душевной *печали* / Ella todavía no quería mostrar a nadie su tristeza", etc. (Corpus nacional).

Печаль puede tener manifestaciones externas: la podemos notar en los ojos, en la voz, en el rostro, etc. Pongamos de ejemplo:

"И без того худой финдиректор как будто еще более похудел и даже постарел, а *глаза* его в роговой оправе утратили свою обычную колючесть, и появилась *в них* не только тревога, но даже как будто *печаль* / Su delgadez parecía haberse acentuado, incluso daba la impresión de haber envejecido de repente. Tras la montura de sus gafas de concha, la expresión de sus ojos había cambiado, perdiendo su vivacidad habitual. Su fisonomía se había cubierto de un tinte no sólo de angustia, sino también de tristeza" (Corpus nacional), etc.

Al experimentar *печаль*, el rostro de una persona se ve descolorido, sin tono muscular, los ojos tienen una apariencia apagada. Las unidades fraseológicas rusas hablan sobre la emoción de *печаль* que se queda reflejada en el rostro de una persona: *согнать с лица улыбку* "quitar la sonrisa de rostro", *печаль туманит / застилает глаза / лицо* "la tristeza nubla / cubre los ojos/ el rostro" (Sirotkina 2012).

Así, dentro de nuestro estudio, hemos revelado que, en la función del objeto directo, el sustantivo *печаль* se utiliza más en las siguientes combinaciones: *вызывать, получать, чувствовать* y *преодолевать*.

Печаль puede ser una causa, y en este caso se usa, como otros sustantivos de esta serie, con la preposición *от*. Ésta puede provocar que alguien se mueva o, al contrario, se detenga: *вздрагивать* "estremecerse", *содрогаться* "estremecerse", *дрожать* "temblar", *застывать* "congelarse", etc. Generalmente se trata de unos movimientos incontrolados del cuerpo. Por ejemplo: "Все внутри меня *дрожало от печали* и любви / Todo dentro de mi temblaba de tristeza y amor", "… и сам *вздрогнул от печали*, которая была в его голосе / … y él mismo se estremeció por la tristeza en su voz", etc. (Corpus nacional).

Печаль puede causar severas consecuencias físicas y psíquicas, incluso la muerte de una persona: *слепнуть* "quedarse ciego", *седеть* "ponerse canoso", *уставать* "cansarse", *сжиматься, разрываться, заходиться, ныть сердцу* "encogerse, romperse, doler el corazón", *изнемогать* "agotarse", *почернеть* "obscurecerse de tristeza", *лишиться памяти* "perder la memoria", *обезуметь* "enloquecer", *сойти с ума* "volverse loco", *умирать* "morir", etc. Por ejemplo: "Но с каждым днем она делалась все печальней и вскоре *умерла от* непомерной *печали* / Vivía allí, pero cada día estaba más triste y un día se murió de tanta tristeza", "Ты не боишься, что твой папа *умрет от печали*? / ¿No te da miedo que tu papá se muera de pesar?", etc. (Corpus nacional). Con *печаль* se produce el estrechamiento de los vasos sanguíneos, lo que hace que la sangre salga de los pulmones y, como consecuencia, se empeore el aporte de oxígeno al organismo y la persona comience a sentir falta de aire, opresión y pesadez en el pecho. Todo esto lo podemos ver en las siguientes unidades fraseológicas: *стеснить грудь / сердце, печаль теснит / щемит грудь / сердце, тоска сжимает / давит / теснит сердце / грудь / душу* (Sirotkina 2012).

Por lo tanto, nuestra investigación muestra que cuando *печаль* se presenta como una causa, una persona sufre cambios espontáneos e inconscientes, a menudo de naturaleza fatal.

A la hora de hacer algo experimentando *печаль*, generalmente recurrimos a los verbos asociados con la expresión verbal o visual de este sentimiento, así como los verbos de pensamiento. Vamos a ver algunos ejemplos:

- *Говорить с печалью* "hablar con tristeza": *сказать* "decir", *признаваться* "confesar", *писать* "escribir", *поведать* "contar", *прочитать* "leer", *рассуждать* "razonar", *признаваться* "confesar", etc. Por ejemplo: "Об этом мне *с печалью поведал* директор, и мы оба огорчились, так как театр был приглашен на гастроли в Грецию / El director me lo dijo con tristeza, y ambos estábamos tristes, ya que el teatro fue invitado a una gira por Grecia", etc. (Corpus nacional).
- *Смотреть с печалью* "mirar con tristeza": *смотреть* "mirar", *созерцать* "contemplar", *оглядывать* "mirar", *глядеть* "mirar", *наблюдать* "observar", etc. Por ejemplo: "С безмерной *печалью смотрел* он на брата и заливался слезами / Contemplaba a su hermano con una tristeza infinita en los ojos aguados", "Маташ схватил за отворот пиджака адвоката Брианса, *смотревшего* на него с бесконечной *печалью* / Mataix agarró por la solapa al abogado Brians, que le contemplaba con infinita tristeza", etc. (Corpus nacional).
- *Los verbos de pensamiento*: *помнить* "recordar", *вспоминать* "acordarse", *думать* "pensar", etc. Por ejemplo:

  "При звуке этого голоса, при музыке шахматного соблазна, Лужин *вспомнил* с восхитительной, влажной *печалью*, свойственной воспоминаниям любви, тысячу партий, сыгранных им когда-то / Ante el sonido de esa voz, ante la música del maligno hechizo del tablero de ajedrez, Luzhin recordó, con la exquisita y húmeda melancolía característica de los recuerdos amorosos, las mil partidas que había jugado en el pasado", etc. (Corpus nacional ruso).

- Además, podemos *существовать* "*existir*" (nos referimos a los verbos *быть* "ser", *пребывать* "ser", *жить* "vivir", etc.), *movernos* experimentando *tristeza* (se trata de los verbos *идти* "ir", *ворочаться* "dar vueltas", *пойти* "ir", etc.) o *hablar* (*спрашивать* "preguntar", *говорить* "hablar", *взывать* "llamar", etc).

Así, *печаль* como objeto indirecto a la hora de designar un estado o acompañar una acción, suele asociarse a la capacidad de expresar este sentimiento mental, verbal o visualmente.

Cuando se transmite la emoción de *печаль* en nuestro material, notamos numerosos ejemplos de personificación. Este sentimiento puede *aparecer* y *desaparecer*, *vivir*, *cambiarse*, etc. Por ejemplo:

- *Печаль появляется* "aparece": *входить* "entrar", *наваливаться* "ponerse encima", *охватывать* "abarcar", *пронизывать* "penetrar", etc. Por ejemplo: "…как авторская песня, *охватывает печаль* по ушедшим из жизни друзьям / …como una canción de autor, me abraza la tristeza por los amigos que han fallecido", etc. (Corpus nacional).
- *Печаль исчезает* "desaparece": *обходить стороной* "pasar por otro lado", *исчезать* "desaparecer", *пропадать* "desaparecer", *спать* "dormir", *утихать* "calmarse", *отступать* "retirarse", *сменяться* "reemplazar" *уходить* "irse", etc. Por ejemplo: "Его *печаль* сменилась негодованием / A su tristeza le sucedía la indignación", etc. (Corpus nacional).

- *Печаль живет* "vive": *съедать* "comer", *витать* "flotar en el aire", *жить* "vivir", *оставаться* "quedarse", *играть* "jugar", *касаться* "tocar", *плакать* "llorar", *соседствовать* "convivir", etc. Por ejemplo: "Сама *печаль* рыдала в ее протяжных, истерзанных звуках / La nostalgia sollozó una música larga y desgarrada", etc. (Corpus nacional).

En el idioma ruso *печаль* está representada por la imagen de un ser vivo que tiene poder sobre el sujeto, como lo demuestran las siguientes unidades fraseológicas: *печаль угнетает, тоска берёт / находит / наваливается. Печаль* dentro de la visión lingüística del mundo de los rusohablantes aparece como una especie de bestia rapaz, como lo demuestra el uso de los lexemas *тоска, печаль, хандра* dentro de las unidades fraseológicas *тоска гложет / грызёт / нападает / наваливается / заедает / одолевает, тоска сосёт сердце, тоска поедом ест, печаль снедает/точит сердце, хандра нападает* (Sirotkina 2012).

Печаль меняется "se transforma": *превращаться* "transformarse", *преобразоваться* "transformarse", etc. Por ejemplo: "В таких случаях тревога словесника *превращалась* в *печаль*, а *печаль* в протест / En tales casos, la ansiedad del lingüista se convirtió en tristeza y la tristeza en protesta", etc. (Corpus nacional). Ahora bien, según nuestra investigación, hemos revelado que en ruso la *tristeza aparece, vive, cambia* y *desaparece*. En general, se parece al ciclo de la vida humana. La desaparición de *печаль* es importante, porque su final puede significar la esperada llegada de la *радость* "alegría".

Al igual que con la representación de otros conceptos emocionales, es muy importante expresar el tamaño de esta emoción. "*Печаль*, como cualquier otra emoción, varía en su intensidad y contenido, según la gravedad de la situación que la ha causado: desde un leve abatimiento hasta el último grado de su manifestación que es *скорбь*" (Sergienko 2019: 80).

Generalmente *печаль* puede ser grande y pequeña y va con los siguientes adjetivos: *большая* "grande", *глубокая* "profunda", *великая* "gran, grande", *безмерная* "infinita", *бесконечная* "infinita", *легкая* "ligera", etc. Pongamos de ejemplo:

> "Маура стоял, опираясь на швабру, которая была длиннее, чем он сам, и улыбался сквозь слезы. В его глазах отражалась *бесконечная печаль* / Maura la contemplaba apoyado en una fregona que lucía casi tanto kilometraje como él. Sonreía para no llorar, su mirada perdida en una tristeza infinita", Но с каждым днем она делалась все печальней и вскоре умерла от *непомерной печали* / Vivía allí, pero cada día estaba más triste y un día se murió de tanta tristeza", etc. (Corpus nacional).

Además, también es importante el componente temporal, que se enfatiza mediante combinaciones con tales adjetivos como *вековая* "de siglos", *постоянная* "permanente", *мимолетная* "fugaz", *минувшая* "pasada", *старая* "vieja", *новая* "nueva", etc. La relación que se establece con el tiempo también se ve reflejado en el uso de los sustantivos como *год* "año", *момент* "momento", *секунда* "segunda", *час* "hora". Por ejemplo: "Была минута *печали* и замешательства и странного разочарования / Durante un momento sintió pena, vergüenza y una extraña desilusión", etc. (Corpus nacional). Los contemporáneos

entienden el estado de *tristeza* principalmente como lo opuesto a la alegría. V.V. Kolesov señala que la tristeza está conectada con el pasado, distinguiéndola así del aburrimiento en el presente y del anhelo por el futuro. En el Diccionario de la mentalidad rusa, la *tristeza* se define como el cuidado del alma, que quema el corazón, provocando arrepentimiento por lo que tuvo lugar en el pasado (Diccionario de Kolesov).

Hay que tener en cuenta también la naturaleza de *печаль*, porque este sentimiento puede ser claro (*светлая* "clara", *добрая* "buena", *искренняя* "sincera", *нежная* "tierna", etc.) u oscuro (*напрасная* "inútil", *горькая* "amarga", etc.). El carácter bipolar de las emociones es un hecho bien conocido que se refleja en la lengua. La tristeza, la amargura y la melancolía eran consideradas en la cultura rusa como emociones depurativas, atribuidas en los textos rusos antiguos a personajes positivos, como santos y héroes capaces de resistir adecuadamente las adversidades cotidianas (Chesnokova, 2012).

En conclusión, en la visión lingüística del mundo de los rusohablantes, *печаль* se entiende como una emoción negativa y la representación de este concepto se lleva a cabo en el marco de definiciones tales como *чувство, грусть, тоска, скорбь*. Según el material del que disponemos, lo más importante es *получать, вызывать, выражать* y *преодолевать печаль*. Si uno comprende la combinación de *выражать печаль* de manera suficientemente amplia, entonces se puede utilizar también los verbos *двигаться* y *говорить* hablando de ella. *Печаль* se entiende como algo que dispone de las características de tamaño y tiempo. Más a menudo se refleja en los ojos. Además, *печаль*, como la vida de una persona, puede aparecer y desaparecer, así como cambiar.

7. CONCLUSIONES

Un concepto emocional, como hemos señalado antes, es una entidad estructural y semántica compleja, pero tiene una estructura bastante ordenada que nos permite determinar el concepto para clasificarlo. Si sumamos todas las definiciones de palabras que hacen referencia a los conceptos en una nube, podemos ver que los más frecuentes son (Dibujo 1): *sentimiento, causado, impresión, ser, estado, fuerte, extraño*, etc., lo que se acerca al significado de emoción en general.

En la visión lingüística del mundo se ve que son emociones diferentes por su intensidad, pero, por supuesto, no son neutrales, sino más fuertes. En este caso, incluso en las situaciones en las que no se puede mostrar ninguna emoción por miedo, ira, etc, las cuales nombramos en nuestro trabajo como los casos de "cero emocional", nos son en absoluto neutrales, porque no suponen la tranquilidad que experimenta una persona. Este fenómeno, cuando alguien está sometido a mucho estrés emocional y de repente pierde sin querer la oportunidad de expresar sus sentimientos, también se nota durante la verbalización de conceptos emocionales. Generalmente, la conducta emocional de carácter intenso implica un aumento paralelo de la intensidad verbal y motora. El estado neutral no implica la ausencia de actividad emocional y, por lo tanto, su caída por debajo del nivel neutral a cero, como muestra nuestro estudio, puede considerarse como señal de una mayor respuesta emocional.

Dibujo 1

Hay que añadir que los conceptos emocionales pueden tener algunas asociaciones simbólicas especificas porque están determinados culturalmente. Por ejemplo, *гнев* "ira" tiene esta conexión semántica con el fuego, el color rojo, *радость* "alegría" – con la luz, *печаль* "tristeza" – con los ojos, el tiempo, etc.

En la gran mayoría de los casos vemos que los sustantivos *страх* "miedo", *радость*, *печаль*, *удивление* "sorpresa", *гнев* se usan en la función de objeto directo o de causa, lo que da la sensación de que esta situación se determina por dicha emoción.

A pesar de que los sustantivos que nombran las emociones son abstractos, *страх*, *радость*, *печаль* pueden usarse en plural, lo que refleja la tendencia general de concretizar emociones.

Los rasgos cognitivos que hemos destacado coinciden en varias características. Son criterios que, según Popova y Sternin (2017), pueden categorizar los conceptos y reflejar su contenido, pero también resumir los atributos homogéneos diferenciales en su estructura.

Uno de los rasgos más importantes es la intensidad o el tamaño que en el nivel léxico se expresa gracias a los adjetivos, participios y adverbios. Así, por ejemplo, se usan *тихая* "silenciosa", *громкая* "ruidosa", etc. para caracterizar *радость*; *большой* "grande", *сильный* "fuerte", *слабый* "débil", *панический* "pánico", etc. – para *страх*; *заметный* "notable", *нарастающий* "creciente", *сильный* "fuerte", etc. – para *гнев*; *большая, бесконечная* "infinito", *легкая* – para *печаль*.

El Diagrama 1 muestra otros rasgos comunes y diferenciales.

Diagrama 1

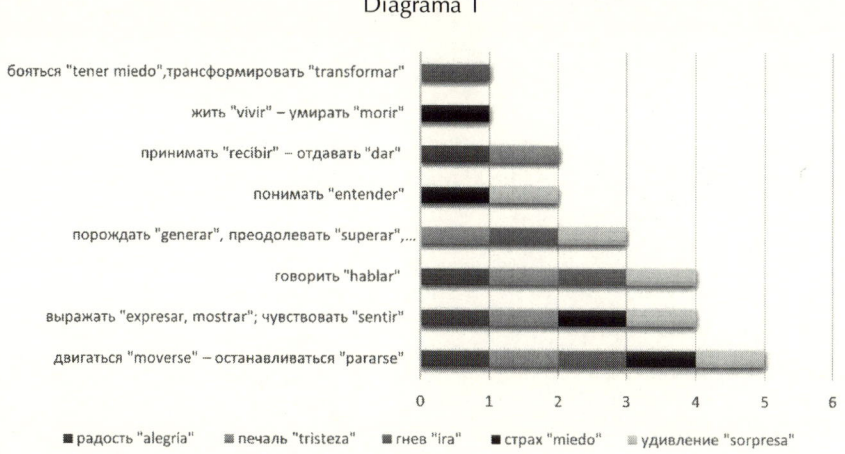

Opinamos que estos rasgos cognitivos también deben reflejarse de forma directa o indirecta en la estructura del campo de formación de palabras del concepto emocional que analizamos en la segunda parte de nuestro trabajo.

III
Campo de derivación de conceptos emocionales

1. Características básicas del campo de derivación del concepto

A. Campo de formación de palabras. Estado de la cuestión

Los procesos de derivación reflejan continuamente la relación que hay entre los objetos y los fenómenos del mundo objetivo con respecto al proceso de comprensión cognitiva de la realidad. Cuando percibimos el mundo, nos centramos en una parte concreta de la realidad y la reflejamos en nuestra forma de pensar. Acto seguido, tiene lugar una interpretación de esta y, como consecuencia, surge un concepto, un sustituto mental de un fragmento de la realidad señalado y reflejado en nuestra mente, y solo entonces dicho concepto adopta su forma adecuada. Después de la fase de socialización, la unidad se integra en la memoria a largo plazo de los miembros de la comunidad lingüística, se convierte en un elemento lingüístico que transmite el conocimiento a través de una forma que toda la comunidad puede entender y participa en una comunicación de carácter cognitivo (Borisenkova, 2011). En este proceso de conceptualización, la formación de palabras desempeña un papel fundamental. Asimismo, los nuevos conceptos que surgen en el curso de la actividad cognitiva también requieren una representación lingüística, realizada a través de palabras nuevas y de las creadas a partir de material existente. Estos conceptos se convierten en "una parte integral del sistema conceptual, creando, a su vez, una base para el desarrollo posterior y manteniendo los nexos derivativos con las estructuras originales" (Babina, 2003: 5).

Un concepto emocional es una entidad estructural y semántica compleja, condicionada étnica y culturalmente, generalmente verbalizada léxica y/o fraseológicamente (Krasavsky, 2001). Como todo concepto, tiene una estructura bastante ordenada que representa el resultado de la actividad cognitiva del individuo y de la sociedad, y que conlleva una información compleja y completa sobre el tema o el fenómeno expuesto, sobre la interpretación de esta información por parte del público y sobre la actitud de este ante el fenómeno o el objeto en cuestión (Popova, 2007).

La descripción de la estructura de los conceptos es una parte importante de la investigación en lingüística cognitiva. La estructura de campo del concepto se debe al carácter sistemático y organizado de los medios lingüísticos que lo representan. La identificación del campo nominativo como un conjunto sistemático de "medios lingüísticos que objetivan (verbalizan, representan, exteriorizan) un concepto en un periodo determinado del desarrollo de la sociedad" (Popova, 2007: 47) revela su compleja naturaleza y permite la incorporación de diferentes tipos de grupos, también con una estructura de campo: campo asociativo, campo léxico-semántico, campo léxico-fraseológico, campo paremiológico, campo asociativo y campo derivativo entre las que, en nuestra opinión, la menos desarrollada es la metodología de análisis del campo de formación de palabras de un concepto.

La derivación de palabras, como un proceso dinámico único y continuo, refleja relaciones internas y externas, directas y mediatas de objetos y fenómenos del mundo objetivo con el proceso de intelección cognitiva de la realidad. El término "campo de derivación" es usado, como norma, en los estudios que tienen como objetivo analizar las particularidades de la derivación de un determinado grupo léxico-semántico de palabras.

Uno de los primeros trabajos donde se presta una atención especial al componente semántico fue el estudio de Revzina O.G. (1969), en el que eran tenidas en cuenta estructuras de campos de derivación en lenguas eslavas y se hizo hincapié en los campos de derivación de agente, abstracción y objeto. El campo de derivación de agente, según Revzina (1969), "genera nombres de personas marcados por la discontinuidad, es decir, los que forman el plural con regularidad" y que también tienen una oposición de género. El campo de derivación de la acción y del estado (campo de abstracción) "absorbe todos los sufijos que forman nombres de nociones no marcados por la discontinuidad", que forman nombres con un significado de cualidad abstracta (nomina abstracta) y con un significado de acción abstracta (nomina actionis). El campo de derivación del objeto incluye los sufijos que forman nombres de objetos marcados por la discontinuidad y se divide en "dos subcampos de grupo de sufijos con significado de lugar y de instrumento de una acción. El campo de derivación era definido como un "conjunto de sufijos" que poseen las siguientes propiedades: 1) transmiten a los nombres derivados el mismo significado de derivación, 2) transmiten a los nombres derivados el mismo conjunto de significados de determinadas categorías gramaticales: de número y de persona (Revzina, 1969). Los sufijos se distinguen por su productividad, su distribución y sus acepciones adicionales que pueden transmitir siendo unidos por un significado de derivación común de campo. Sin embargo, esta percepción del campo de derivación tampoco responde, a nuestro juicio, a los objetivos de análisis cognitivo, cuyo propósito es revelar las particularidades estructurales que surgen del campo de derivación de un concepto relacionándose directamente con sus rasgos cognitivos. A éstos les atribuimos los rasgos generalizados necesarios y suficientes para identificar un objeto o un fenómeno como un fragmento de visión del mundo. Según Pimenova M.V. (2007) pueden ser básicos (primarios) y figurativos (secundarios). Los primeros incluyen rasgos motivadores y conceptuales.

Un rasgo motivador condiciona el carácter de nominación del concepto. Es decir, se llama motivador al rasgo que ha servido de base para denominar cierto fragmento del mundo, es la forma interna de la palabra (Pimenova, 2007). En opinión de Stepanov Y.S. (1997: 40-76) un rasgo motivador puede existir "indirectamente, como base sobre la cual han surgido y se mantienen los demás rasgos". El número de rasgos motivadores, como norma, se define por el tiempo de "vida" del concepto. Como escribe Pimenova M.V. (2007), cuanto más antigua sea una palabra, mayor número de rasgos motivadores tendrá el concepto que está detrás de esta palabra. Los rasgos conceptuales se fijan en definiciones de vocabulario de un lexema correspondiente – representante del concepto en forma de componentes semánticos (semas), al igual que en el sistema de sinónimos. Por otro lado, tan solo el análisis de fuentes lexicográficas no puede revelar la estructura completa del concepto, ya que en estas fuentes aparece representada solo una parte de nuestros conocimientos del mundo. En opinión de Coryanova L.N. (2010), la mayor parte de estos conocimientos es objetivada por medio de rasgos secundarios que incluyen nuevas características que aparecen como resultado de la interacción de un individuo con la realidad que le rodea.

En general, podemos observar cierto desorden en el entendimiento del término "campo de derivación". Así, por ejemplo, como "campo de derivación" se entiende un grupo de sufijos agrupados por un significado similar de derivación (Zenkov, 1969); un conjunto de modos productivos y poco productivos que participan en la formación de verbos de distintos grupos léxico-semánticos (Ambrosimova, 1994); un conjunto de modos de derivación de palabras (Milkevich, 1996); un conjunto jerárquicamente organizado según el grado de productividad de los medios de derivación y de los elementos de derivación que caracterizan la actividad derivativa de un grupo determinado de léxico (Ivanova, 1981); un conjunto de elementos de derivación jerárquicamente organizado (centro – periferia) según el grado de representación de los rasgos sustanciales; a dichos elementos los une un carácter común de significado, distribución y características funcionales (Dyachkova, 2008), etc.

De este modo, los atributos más importantes de un campo de derivación son su carácter de sistema, su orden, cierta limitación léxica del grupo de derivados, dependencia de la parte de la oración del derivante y del derivado. Cada uno de los modos de derivación es considerado como un microcampo que se atribuye al núcleo o a la periferia. Al núcleo le pertenece un microcampo cuyos modelos sirven para formar el máximo número de derivados (Milkevich, 1996, Murutova, 2007). Como regla, en los estudios citados se presta mayor atención al análisis de características semántico-estructurales de base léxica, enfocando su importancia en los modelos concretos de derivación, al igual que a la dependencia semántica de la palabra derivada de las características que otorgan el significado de su base léxica. El campo de derivación que abarca toda la base léxica de la cual derivan palabras de distintas partes de la oración es conocido como campo complejo de derivación (Veselaya, 2004, Nizhelskaya, 2003, Pogrebnaya, 1998).

Sin embargo, se podría definir el campo de derivación de conceptos como un conjunto de estructuras mentales que se distinguen por su nivel de complejidad y abstracción. En primer lugar, tenemos que prestar atención, no al modo de formación, sino a las particularidades de la representación lingüística a nivel de significados generalizados de derivación que se realizan en palabras derivadas, ya que no se revela al primer plano del estudio la forma, sino el contenido. Además, el campo de derivación como parte del campo nominativo según Boldyrev N.N. (2001) es propenso a transformaciones y no tiene una estructura fija dentro del marco de cambios lógicos del concepto en el proceso de desarrollo de la lengua y de la sociedad: pueden incluirse constantemente en su contenido nuevas características que, a su vez, exigirán nuevas formas de verbalización. Esto está relacionado con el papel dinámico activo del concepto en el proceso de pensamiento, cuando en cada momento funciona, se actualiza en sus distintas partes y distintos aspectos y se une con otros conceptos o deriva de ellos (Sternin, 2001). En este caso, a nuestro juicio, es difícil sobrevalorar la importancia de la capacidad de formar nuevas palabras para una conversión lingüística de un conocimiento nuevo y necesario sobre dicho concepto. Como resultado de las actividades de derivación, el hablante, al usar medios y modelos de formación de palabras, refleja el carácter cognitivo del pensamiento propio de una persona.

B. Las características importantes de un campo de formación de palabras

Considerando el concepto como un tipo de estructura de pensamiento que difiere en su nivel de complejidad y abstracción, nos guiamos por los siguientes principios para definir el campo de formación de palabras:

- El campo nominativo de un concepto es un conjunto específico de denominaciones que reflejan los atributos cognitivos del concepto que caracterizan el proceso de dar sentido a la realidad. En este caso, el contenido prevalece sobre la forma en la que se refleja, es decir, el medio de derivación. De este modo, el análisis del campo de formación de palabras de un concepto debe llevarse a cabo a nivel de los significados de formación de palabras generalizados realizados en palabras derivadas (Votyakova, 2023). En nuestra opinión, esta generalización puede ser bastante amplia, pues "la semántica de un campo de formación de palabras puede no reducirse a un único significado de derivación" (Shakar, 2016: 190).

- Dentro del paradigma cognitivo, lo más fructífero es recurrir a los nidos de formación de palabras, que tienen una organización semántica específica determinada por la situación. Las palabras pertenecientes a la misma familia están unidas por una relación de situación en la que se distinguen los siguientes componentes: sujeto, predicado, objeto, instrumento, proceso de acción, resultado, locativo y tiempo de acción (Sabalina, 2008). El análisis del campo de formación de palabras de un concepto implica principalmente el estudio del nido de formación de palabras del lexema central que hace referencia al concepto.

- La estructura del campo de formación de palabras es dinámica debido a los cambios regulares en la representación del concepto a lo largo del desarrollo de la lengua y la sociedad. Asimismo, los nidos de palabras también están cambiando. Estos hacen referencia a un término ruso y se puede definir como un conjunto de palabras ordenadas por sus relaciones de derivación que se caracteriza por una raíz común que no se descubre solo en la expresión, sino también en el significado: la raíz expresa un elemento de significado común para todas las palabras de esta familia, es decir, las palabras que se unen en *un nido de derivación* tienen una afinidad tanto de significado como material (Diccionario de Tikhonov). El análisis de los cambios en la cantidad y la semántica de los derivados muestra el desarrollo de la representación conceptual del mundo por parte del ser humano, lo que se refleja en la estructura del campo de formación de palabras.

- Cada palabra derivada de un nido de formación de palabras trae consigo algún tipo de conocimiento nuevo sin perder su conexión con la base motivadora. El orden de formación de las palabras derivadas puede no tener una importancia crucial, pues el componente semántico que indica la pertenencia a un determinado nido de formación de palabras está presente en cada unidad lingüística. El estudio de los nidos de formación de palabras desde un punto de vista cognitivo "nos permite reinterpretar su estructura y contenido, ya que el aspecto cognitivo proporciona una sistematización de todos los tipos de conocimiento que influyen en la actividad cognitiva humana" (Miniyarova, 2010). Así pues, el estudio de la evolución del campo de formación de palabras del concepto emocional de *радость* "alegría", por ejemplo, conlleva al análisis de la formación del nido de formación de palabras de *радость*, el sustantivo directo del concepto.

De este modo, un campo de formación de palabras es un sistema ordenado de significados categóricos de la formación de palabras que refleja características cognitivas y se expresa a través de un conjunto de herramientas de formación de palabras. Dentro del campo de la formación de palabras, en nuestra opinión, lo más adecuado es distinguir los microcampos que reflejan la estructura típica ideal de un nido de formación de palabras: persona, objeto, rasgo, etc. Los microcampos identificados en el campo de la formación de palabras pueden no tener límites definidos, ya que los tipos de formación de palabras interactúan entre sí a nivel morfémico y semántico (Votyakova 2016). La importancia de cada microcampo viene determinada por el número de derivados con un significado común de formación de palabras.

Los conceptos emocionales poseen rasgos cognitivos incondicionales comunes que se revelan en distintos niveles del campo de nominación, en particular en la estructura del campo de derivación. El carácter universal de los conceptos emocionales ofrece la posibilidad de hablar de su predeterminación derivativa cuando una verbalización de un rasgo actual se forma a base de nociones ya existentes, lo cual se refleja en las características semánticas de las unidades lingüísticas. De este modo, el campo de derivación es un conjunto ordenado de medios de formación de palabras, que reflejan los rasgos cognitivos realizados por medio de significados de derivación (Votyakova, 2023).

Dentro de un campo de formación de palabras, como hemos señalado anteriormente, lo más correcto es diferenciar entre los microcampos o subcampos de persona, objeto, atributo, etc., que pueden distribuirse en la zona central o periférica durante el análisis, dependiendo del número de derivados que se representan. El conjunto de microcampos realizados viene determinado por una red de relaciones significativas, conformando la integridad consiguiente: una situación estereotípica, integrada en el nido de formación de palabras (Osadchiy, 2007).

Los microcampos identificados en el campo de la formación de palabras pueden no tener límites claros, dado que los tipos de formación de palabras interactúan entre sí a nivel morfémico y semántico. Dicha relación se basa en la presencia de rasgos idénticos y diferentes entre los fenómenos del orden de formación de palabras, las relaciones sistemáticas y jerárquicas de derivación, la universalidad y la distinción de estos. Esto se refleja, por ejemplo, en la existencia de la sinonimia en la formación de palabras, la motivación indirecta de los derivados, etc.

El campo de formación de palabras es un microsistema universal de la lengua, cuyas representaciones específicas en el lenguaje se caracterizan no solo por la presencia de rasgos distintivos, que se manifiestan con mayor frecuencia en términos de expresión en la composición de los medios de formación de palabras, en su productividad, en la oposición de núcleo y periferia, sino también por la presencia de rasgos comunes, determinados por la interacción de los modos de formación de palabras (Murugova, 2007).

C. El "nido de formación de palabras" como objeto de estudio cognitivo

El objetivo de esta investigación, en primer lugar, consistirá en estudiar la estructura del nido de formación de palabras que hacen referencia a los conceptos emocionales: los sustantivos *miedo, alegría, ira, tristeza* y *sorpresa*. El nido de formación de palabras se refiere a las macrounidades del sistema de formación de palabras.

En la investigación científica de este campo no ha habido una definición unívoca del concepto "nido de formación de palabras". Según los investigadores, uno de los principios importantes de su organización es que los derivados pertenecen a la misma raíz. No es casualidad que el nido de formación de palabras se interprete a menudo como una unidad dinámica compleja especial de formación de palabras, que une lexemas con una raíz histórica común, que los hablantes de una lengua viva a menudo no perciben como un morfema raíz independiente debido a la pérdida que se produce entre las palabras relacionadas etimológicamente de los vínculos semánticos y de formación de palabras vigentes (Grigorieva, 2013).

G. A. Nikolaev y E. A. Balalykina también escribieron acerca de la naturaleza ordenada y compleja, señalando que el nido de formación de palabras es la asociación más amplia de derivados de la lengua, incluyendo el paradigma de formación de palabras y la cadena de formación de palabras, que ordenan estos nidos sistemáticamente (Balalykina, Nikolaev, 1985). La naturaleza jerárquica del nido de formación de palabras se pone de manifiesto al comprobar que cada unidad precedente es directamente derivada de la consiguiente. De este modo, el nido de formación de palabras en realidad contiene toda la información sobre las leyes de la adición de significados, así como la interacción de significados en el proceso de creación de palabras derivadas. O. M. Kim recalca la necesidad de aclarar estas leyes, pues entenderlas correctamente es de suma importancia para la teoría y la práctica de la lingüística (Kim, 1987).

La estructura de un nido de formación de palabras puede verse afectada por factores lingüísticos y extralingüísticos y podría variar con el tiempo. El estudio de la formación del nido de palabras de un concepto emocional implica un análisis de la composición de este nido en diferentes períodos del desarrollo de la lengua rusa.

Un enfoque sincrónico de un nido de formación de palabras nos permite construir un modelo estático de su estructura, identificar todos los principales rasgos sintagmáticos y paradigmáticos, así como determinar patrones y tipos de formación de palabras.

El enfoque diacrónico permite describir los procesos de cambio tanto en la estructura derivacional del nido de formación de palabras como en los rasgos semánticos de sus componentes, encontrar las causas de estos procesos y explicar el estado sincrónico de estas unidades (Barabanov, 2011).

No obstante, la naturaleza de este enfoque no desempeña un papel tan importante cuando consideramos el nido de formación de palabras desde un punto de vista semántico, lo cual es importante a la hora de estudiar las regularidades de las combinaciones de significados expresadas por los elementos individuales de las palabras, así como en el mecanismo interno y externo de interacción de las unidades de formación de palabras.

La formación de palabras como sistema crea las condiciones necesarias para una interpretación conceptual de la realidad, lo que permite comprender cuáles son los elementos de la realidad extralingüística, cómo se etiquetan con palabras y por qué son retenidos en la mente (Vendina, 1998). El proceso de formación de palabras no es caótico, dado que refleja los fenómenos más significativos de la realidad para el ser humano: la formación de palabras nos da, hasta cierto punto, la respuesta a la pregunta de qué conceptos han pasado a ser culturalmente significativos, ocupando una posición especial y prioritaria en la conciencia nacional (Kyrtepe, 2020).

Los elementos de un nido de formación de palabras son los transmisores del conocimiento específico obtenido durante la formación de nuevas palabras. Estos procesos, debido a su complejidad y a sus conexiones sistemáticas, son legítimos y participan en el lenguaje de la cambiante visión del mundo. Las palabras derivadas contienen más información para estudiar la visión lingüística del mundo, ya que permiten ver (a diferencia del léxico primario y no derivado) cómo ha sido percibida una determinada realidad en el mundo a través de referencias a qué esencias (objetos, acciones, cualidades, etc.) primarias, motivadoras han sido conceptualizadas y luego denominadas (Kubryakova, 2006).

Los límites del nido de formación de palabras siguen siendo flexibles, de modo que se añaden nuevas palabras al nido. En un periodo de tiempo relativamente corto, pueden incluirse docenas o incluso cientos de palabras nuevas, ya que el funcionamiento del sistema de formación de palabras de la lengua tiene como objetivo renovar la composición léxica de la lengua con nuevos lexemas. El estudio de los nidos de formación de palabras desde un punto de vista diacrónico permite analizar la evolución de la representación de los conceptos.

D. **Rasgos cognitivos de conceptos emocionales en la lengua rusa y el campo de derivación**

En trabajos científicos dedicados a los conceptos emocionales se suele usar el análisis semántico, contextual, etimológico, de derivación, etc. de palabras que hacen referencia a un concepto. Precisamente sus definiciones en el diccionario, al igual que las interpretaciones de sinónimos, determinan en mayor grado los rasgos cognitivos de un concepto. Además, es muy importante el estudio de la compatibilidad léxica de las palabras que representan un concepto, ya que tal análisis permite determinar un conjunto de rasgos semánticos ocultos significativos.

Un estudio preliminar realizado gracias a la utilización del Corpus nacional ha demostrado la similitud de los rasgos cognitivos de los conceptos emocionales básicos que se han identificado a partir de la compatibilidad (Votyakova 2011, 2012, 2014, 2015, 2016). Por el rasgo cognitivo del concepto entendemos, según Popova y Sternin (2017), un criterio para su categorización que refleja el contenido del concepto y resume los atributos homogéneos diferenciales en su estructura. Estos rasgos cognitivos permiten clasificar los conceptos. Entre los conceptos emocionales más comunes se encuentran los siguientes:

- *двигаться* "moverse" – *остановиться* "pararse": cuando se expresa una emoción, lo más frecuente es que se produzca un movimiento de amplitud variable o una interrupción del movimiento, lo que suele reflejar el grado máximo de expresión de la emoción.
- *чувствовать* "sentir" – *выражать* "expresar": la imagen lingüística del mundo refleja la capacidad de una persona para sentir y expresar emociones. Sin embargo, para el miedo y la sorpresa, por ejemplo, es importante la capacidad de ocultarlos.
- *говорить* "hablar" – *молчать* "callar": suele estar indirectamente relacionado con los criterios anteriores, en los que la expresión de la emoción determina el comportamiento del habla de una persona.
- *преодолевать* "superar": la capacidad de superar, de experimentar cualquier emoción también es importante a la hora de evaluar los resultados del análisis de la combinación de palabras.

Además, otros rasgos cognitivos son importantes: *интенсивность* "intensidad" y (para *гнев* "ira" y *удивление* "sorpresa") *внезапность* "brusquedad". Todos estos rasgos tienen su reflejo en una verbalización del concepto.

No obstante, sostenemos que estos rasgos cognitivos también deben manifestarse directa o indirectamente en la estructura del campo de formación de palabras del concepto emocional, determinando el contenido de sus microcampos y la naturaleza de los derivados.

De este modo, el presente estudio tiene un indudable valor teórico y práctico. La novedad del método propuesto consiste en que la construcción de un modelo de campo de derivación de un concepto permite hablar de un carácter específico, describir los procesos de derivación, demostrar una interacción de distintos modos de derivación e intentar averiguar la dependencia de la estructura de un campo de derivación del tipo de concepto. A través de un conjunto determinado de microcampos se puede juzgar sobre tipología de conceptos a nivel de formación de palabras, ya que los campos de derivación de conceptos del mismo tipo están relacionados entre sí, lo que se revela en la similitud de la estructura del campo, actividad de modos y modelos determinados de derivación.

2. CAMPO DE DERIVACIÓN DEL CONCEPTO *РАДОСТЬ* "ALEGRÍA" EN LA LENGUA RUSA

Радость "alegría" es una emoción básica como *гнев* "ira", *страх* "miedo", *печаль* "tristeza" y *удивление* "sorpresa". Teniéndolo en cuenta consideramos que la verbalización del concepto emocional *радость* estará muy presente en distintos niveles del idioma. El término utilizado para este concepto es el sustantivo *радость* que denota "sentimiento alegre, sensación de una gran satisfacción del alma; lo que (el que) causa tal sentimiento; acontecimiento o circunstancia alegre, feliz" (Diccionario de Ozhegov).

Nuestro estudio ha demostrado que al representar el concepto emocional *радость* se refleja todo un conjunto de reacciones cognitivas y de conducta que están continuamente cambiando de acuerdo con las condiciones y que responden a exigencias externas e internas. Como resultado del análisis de la representación del concepto en los materiales de los diccionarios, al igual que del análisis de compatibilidad del sustantivo *радость*, se puede hablar de la importancia de los siguientes rasgos representativos de este concepto emocional: *начало движения* "inicio de movimiento", *интенсивность* "intensidad", *внезапность* "brusquedad", *ощущение* "sensación" – *принятие* "recepción", *дарение* "donación", *говорение* "молчание" - *habla* "silencio", - que, a nuestro juicio, se reflejan de una u otra manera también en la estructura del campo de derivación.

El nido de derivación moderno en el que entra el sustantivo *радость* incluye 34 derivados, de los cuales el 67 % expresan la presencia o la falta de un rasgo (rasgo abstracto, rasgo procesal, rasgo o propiedad que tiene relación con la alegría o propensión a la alegría, rasgo de otro rasgo), y el 26 % se refiere a una acción. Se ha observado una distribución algo distinta en el nido de derivación según los datos de diccionarios históricos.

Hemos distribuido los derivados en grupos (microcampos) tomando en consideración el significado derivativo y hemos analizado los cambios que tuvieron lugar en el contenido de los microcampos a partir de principios del siglo XVIII. Analizando el campo de derivación del concepto, el orden de formación de palabras derivadas no tiene importancia: el hablante entiende y siente una relación de derivados de la misma raíz y los relaciona correctamente entre sí. Desde nuestro punto de vista casi cada miembro del nido de derivación posee la capacidad de actualizar todas las relaciones del sistema dentro del nido, para que en caso de necesidad surja la correlación semántica necesaria con una realidad concreta. Como observan los investigadores de la estructura de derivación de la palabra, con bastante frecuencia "...la dirección axiológica de procesos de derivación se descubre en un carácter específico de sentido y estilístico de una serie de derivados unidos por una base léxica común" (Erofeeva, Sheptukhina, 2016: 76). Para facilitar la comprensión de unidades léxicas, vamos a utilizar la imagen gráfica moderna de las palabras.

El sustantivo *радость* en la lengua del siglo XVIII formaba parte del nido de derivación del adjetivo *рад* "el que siente placer, alegría; el que tiene ganas, deseo de algo". Resulta curioso que no todas las palabras que en la lengua rusa moderna pueden ser asociadas con la alegría (por ejemplo: *отрада* "deleite" y otras), estén relacionadas etimológicamente con el adjetivo indicado. En este caso observamos resultados de interacción y cierta contaminación con derivados que históricamente son afines al verbo *радеть* "poner esfuerzo, esforzarse", de ahí que *рад* a menudo pudiera emplearse con el significado "dispuesto a servir, a esforzarse".

A. El microcampo *действие* "acción", según datos de diccionarios de los siglos XVIII – principios del siglo XIX, aparece representado por sustantivos y verbos derivados. El paradigma de derivación del verbo *радовать* "alegrar" es similar a un grupo considerable de verbos con prefijos: *радовать* "causar, provocar alegría", *возрадовать* "eclesiástico, lo mismo que alegrar", *нарадовать* "dar mucha alegría, alegrar mucho", *обрадовать* "decirle a alguien algo alegre, ser causa de alegría para alguien", *порадовать* "causar alegría por cierto tiempo, por un tiempo determinado". Por ejemplo: "Так *возрадует* нас Господь радостию велиею / Que el Señor nos dé mucha alegría", "Когда же вы так ее любите, то я должен вас *обрадовать* / Si la queréis tanto, tengo que daros alegría", "Предпоследнее письмо Ваше получил я в дороге, и оно очень меня *порадовало*… / Recibí su penúltima carta durante el viaje y me dio mucha alegría…" y otros (Corpus nacional). Los más frecuentes, según las estadísticas de uso en el Corpus nacional ruso, son los verbos *обрадовать* "alegrar" и *порадовать* "alegrar por cierto tiempo". *Возрадовать* "alegrar mucho" tenía y sigue manteniendo en la lengua rusa moderna una limitación estilística, y *нарадовать* "alegrar mucho" no consta en los diccionarios modernos de formación de palabras.

Los siguientes verbos están formados con prefijos: *радоваться* "sentir alegría, goce, placer de alma", *возрадоваться* "empezar a sentir alegría", *зарадоваться* "empezar a alegrarse", *обрадоваться* "sentir alegría con cierto exceso o sentir alegría por un amigo", *порадоваться* "empezar a sentir alegría, expresar su alegría", *срадоваться* "alegrarse con alguien conjuntamente, compartir la alegría". Por ejemplo:

> "Словом: весь Царьград *зарадовался*, закипел деятельностью, зашумел при известии глашатаев / En una palabra: todo Zargrad empezó a alegrarse, se puso a bullir y a hacer ruido al oír la noticia de los pregoneros", "Он, прибыв и увидев благодать Божию, *возрадовался* и убеждал всех держаться Господа искренним сердцем / Él, al llegar y ver la gracia Divina, se alegró mucho y convenció a todos de que con todo su corazón estuvieran con Dios", "Насилу мог я дождаться утра, и когда её увидел несмущённою, то несказанно *обрадовался*" / A duras penas pude esperar a que llegara la mañana y cuando la vi sin confusión sentí una gran alegría", "И славнейшия герои *срадуются* общей радости, дабы тем от всех любовь получить / Y los héroes gloriosos compartirán la alegría común por recibir el amor de todos"; "Я расскажу тебе, как без них проводила я вчерашний вечер, чтоб ты *порадовалась* веселью госпожи своей / Te contaré cómo sin ellos pasé yo la noche de ayer para que tú te alegres de la dicha de tu señora", etc, (Corpus nacional).

Más tardío, a nuestro juicio, resulta el verbo *злорадствовать* "regodearse, alegrarse del dolor del prójimo", ya que su base léxica, por lo visto, ha sido *злорадство* "alegría maliciosa", formada por el sustantivo *злорад* con el significado de "persona maliciosa, que desea el mal al prójimo".

Como es sabido, el afijo ruso -*ся* por su origen es la forma breve del acusativo del pronombre reflexivo *себя*. Este afijo protoeslavo está presente en cada lengua eslava. Sin embargo, en las lenguas eslavas occidentales y meridionales se escribe separado del verbo y se sitúa tanto detrás como delante del verbo. Es decir, los verbos "reflexivos" tienen una forma analítica y en las lenguas eslavas orientales se escribe conjuntamente con el verbo, ya que estos verbos tienen una forma sintética (Nazari 2021). El objetivo derivativo principal y primario de los verbos con sufijos es, como norma, indicar la dirección del proceso hacia el propio agente. No obstante, en la lengua rusa moderna los verbos con sufijos pueden denotar una acción recíproca, un cambio de estado interior y de movimiento en el espacio, así como aparecer en construcciones sintácticas pasivas e impersonales. Analizando el nido de derivación de los siglos XVIII – principios del siglo XIX, cuyo miembro es el sustantivo *радость,* se puede observar un amplio abanico de verbos reflexivos derivados, lo que testifica la existencia en la lengua en su período más temprano de su base léxica sin afijos. Por ejemplo: *зарадовать* "empezar a alegrar", *срадовать* "alegrar a más de una persona". Tal número de derivados, desde nuestro punto de vista, es típico al representar emociones y está relacionado con la importancia de indicar la dirección del proceso hacia el propio agente excluyendo de este modo a otro participante del proceso. En esto podemos ver una oposición peculiar que se mantiene también en la lengua rusa moderna, aunque en un grupo menos numeroso: una acción personal de alegría dirigida hacia el propio sujeto: *радоваться, возрадоваться, зарадоваться, нарадоваться, обрадоваться,* y también una acción dirigida a otro sujeto u objeto: *радовать, обрадовать, порадовать.*

En el nido de derivación estudiado destacan los verbos formados mediante la composición de bases: *радотворити* "crear una causa para la alegría" que no figura en diccionarios modernos, y el verbo *злорадствовать* "regodearse, desear el mal al prójimo".

El significado derivativo de los verbos con prefijo está representado con los siguientes matices semánticos: *интенсивность* "intensidad", *результат действия* "resultado de una acción", y también *временное действие* "acción temporal", lo cual, posiblemente, es una tendencia común para dicho microcampo de cualquier concepto emocional.

Además, casi todos los verbos sirven de base léxica para sustantivos deverbales con significado derivativo procesal: *обрадование* "proceso de causar alegría", *порадование* "eclesiástico, acción del que da alegría; alegría, consuelo, animación", *радование* "eclesiástico alegría, regocijo", *срадование* "compartir alegría" (DLEER).

En la lengua rusa moderna podemos observar una reducción del número de derivados, de los cuales la mayoría son sustantivos deverbales. Actualmente en los diccionarios de formación de palabras figuran *радовать* "alegrar, causar alegría en alguien o con algo, dar alegría", *радоваться* "alegrarse, sentir alegría", *обрадовать* "*aspecto perfectivo* alegrar", *обрадоваться* "*aspecto perfectivo* alegrarse", *порадовать* "*aspecto perfectivo* alegrar; pasar un rato alegrando a alguien", *порадоваться* "quedarse satisfecho y ponerse alegre por algo", *возрадоваться* "*literario, desusado* alegrarse", *нарадоваться* "hartarse de alegría, llenarse de alegría", *зарадоваться* "*coloquial* empezar a alegrarse". Las palabras *возрадоваться, зарадоваться, нарадоваться* y *радование* tienen una frecuencia de uso muy baja. De este modo, los acentos de derivación en este microcampo tienden a expresar el resultado y dirigir la acción hacia el propio agente.

B. El microcampo *признак, качество* "*rasgo, cualidad*" aparece representando en diccionarios históricos por los siguientes adjetivos y participios derivados: *радостный* "que da alegría; que expresa alegría", *безрадостный* "privado de alegría", *злорадный* "malévolo" *всерадостный* "lleno de alegría común", *прерадостный* "eclesiástico lleno de alegría", *радосотворный* "que despierta alegría", *радостименный* "eclesiástico que tiene en su nombre una alusión a la alegría", *радостоименитый* "eclesiástico cuyo nombre proviene de la alegría", *злорадный* "malévolo", *радехонек* "diminutivo de alegre". Llama la atención la variedad de tipos de afijos derivativos que sirven para formar adjetivos, al igual que el uso activo de tal método de formación de palabras como composición de bases.

Entre sustantivos notamos solo *злорадство* "malevolencia" y *радость* "alegría, placer del alma que provienen de un bien verdadero o imaginado, acompañados de señales externas de alegría; lo que despierta el placer del alma". Un rasgo o modo de acción expresan los derivados *радостно* "alegremente", *безрадостно* "sin alegría". El significado derivativo principal expresado por los derivados de este grupo es "presencia – falta de algún rasgo concreto", "intensidad de rasgo".

En la lengua rusa moderna este microcampo está representado por los siguientes adjetivos y participios derivados: *радостный* "lleno de alegría, júbilo, que expresa alegría; que da alegría", *безрадостный* "que no siente alegría, triste", *жизнерадостный* "alegre, lleno de vida y animoso, que no conoce el desánimo", *обрадованный* "que expresa alegría", sustantivos: *радость* "sentimiento de placer, de satisfacción interior, humor alegre; suceso, objeto que despierta tal sentimiento", *радостность* "*literario* cualidad de alegre", *жизнерадостность* "percepción animosa de la vida, estado de ánimo siempre alegre y animoso". En este microcampo están ampliamente representadas la sinonimia y la antonimia derivativas: *нерадостный – безрадостный* "no alegre, triste", *нерадостно – безрадостно* "sin alegría", *радость – радостность* "alegría"; *радостный*, *жизнерадостный* "alegre, animado" – *безрадостный*, *нерадостный* "no alegre, desanimado"; *радостно, жизнерадостно* "con alegría" – *безрадостно, нерадостно* "sin alegría". De este modo, podemos observar una reducción del número de adjetivos derivados formados mediante composición y algunos prefijos. Por otro lado, se observa un incremento considerable de adverbios que resultan necesarios para expresar un rasgo o modo de acción.

C. El microcampo *лицо "persona"* está representado por derivados aislados que no se observan en la lengua rusa moderna: *злорад* "persona malévola que desea el mal al prójimo", *радостотворец* "payaso, animador". Por ejemplo:

> "…которые *Злорада* назовут человеком: ибо между им и скотом гораздо более сходства, нежели между скотом и крестьянином / … que le llamen hombre a un Malévolo: porque entre él y una bestia hay más semejanza que entre una bestia y un campesino", "*Злорад* сей, человек весьма злобный, не знает человечества, груб, жесток, горд пред своими подчиненными и низок до подлости пред начальниками своими / Este Malévolo, siendo muy malvado, no sabe ser humano, es bruto, cruel, altivo ante sus subordinados y de bajeza vil ante sus jefes", etc. (Corpus nacional).

A pesar de que en la lengua rusa moderna este campo no está representado por derivados, se observa en la lengua hablada el uso del sustantivo *радость* en función del vocativo para apelar a alguien. Además, una especie de "compensación" de este significado derivativo puede tener lugar gracias a los nidos de derivación de sinónimos: *удовольствие* "placer", *праздник* "fiesta", *торжество* "júbilo", *удовлетворение* "satisfacción", *развлечение* "entretenimiento", *веселье* "regocijo", *восторг* "deleite", ya que éstos y sus derivados cuentan con la capacidad de sustituir uno por otro, lo que se refleja en una representación total del concepto (Votyakova, 2012).

En general, los resultados del análisis de significados derivativos de los derivados en los nidos de sustantivos-sinónimos reflejan una tendencia básica de llenado de nidos de derivación de conceptos emocionales. La mayor frecuencia se corresponde a los significados derivativos de rasgo y acción, lo que desde nuestro punto de vista representa una estructura general del campo nominativo de un concepto emocional, ya que puede demostrar cómo transcurre una acción. El carácter de la acción se representa con ayuda de los verbos derivados que tienen, como norma, un significado derivativo de intensidad en una acción (*возликовать* "sentir júbilo", *навеселиться* "llenarse de alegría", *развеселиться* "ponerse alegre" y otros), inicio y fin de una acción (*запраздновать* "empezar a celebrar", *отвеселиться* "dejar de alegrarse" y otros), realización de una acción durante un período determinado de tiempo (*попраздновать* "celebrar durante un breve período de tiempo", *повеселиться* "alegrarse durante un breve período de tiempo", *повосторгаться* "deleitarse durante un breve período de tiempo" y otros).

El significado derivativo de rasgo no tiene una gama semántica tan rica, pero está representado en distintas partes derivadas de la oración, gracias a lo cual puede usarse al caracterizar otra acción, otro rasgo u otra cosa. Al mismo tiempo, cualquier verbo derivado, en general, "…distinguiéndose por su peculiaridad nacional y cultural, caracteriza mentalmente el mundo de los procesos y eventos de una persona rusa y es un reflejo de su sistema de valores morales y éticos" (Fatkhutdinova, Krasilnikova, 2016: 137).

No hemos encontrado sustantivos con significados derivativos de lugar, instrumento, etc. Desde nuestro punto de vista, al estar aislados y usarse con poca frecuencia, son derivados con significados de persona por acción o rasgo: *утешитель* "el que consuela", *весельчак* "una persona alegre", *живец* "una persona muy viva", *усладитель* "el que deleita", *развлекатель* "el que entretiene, animador". Casi todos ellos son anticuados y poco usados.

De este modo, la zona núcleo del campo moderno de derivación del concepto *радость* está compuesta por microcampos de rasgo y de acción. La capacidad de expresar intensidad, resultado de una acción o presencia – falta de rasgo es la más importante para representar este concepto emocional a nivel de derivación. Considero que la tendencia a reducir el número de derivados en el nido de derivación *радость* se debe a una interacción entre derivados que forman parte de nidos de derivación de sinónimos.

3. Campo de derivación del concepto *страх* "miedo" en la lengua rusa

La visión del mundo emocional refleja un modo determinado de conceptualizar la realidad y se define como un conjunto de representaciones, nociones y conceptos emocionales cuya verbalización genera formaciones significativas complejas que poseen una estructura determinada. El *страх* "miedo" es una emoción básica negativa que provoca sentimientos desagradables y que surge al valorarse una situación como peligrosa y nociva, al igual que para movilizar todos los recursos para luchar contra las posibles amenazas que a menudo paralizan la voluntad de una persona.

Al haber efectuado un análisis de compatibilidad del sustantivo *страх,* podemos hablar de la importancia de los siguientes rasgos cognitivos: *движение* "movimiento" – *отсутствие движения* "falta de movimiento", *сильная – слабая интенсивность* "intensidad fuerte – débil", *краткое – длительное проживание страха* "corto – largo período en que se siente miedo", *жизнь (частичный контроль человека страхом)* "vida (control parcial de una persona mediante el miedo)" – *смерть (полный контроль человека страхом)* "muerte (control total de una persona mediante el miedo)", *способность преодолеть – породить* "capacidad de superar – de generar", *показать* "demostrar" – *скрыть* "ocultar", *понять страх и избежать его* "comprender el miedo y evitarlo". Los rasgos indicados de una u otra manera se reflejan en la organización interna del campo de derivación de este sustantivo, en el carácter de sus derivados y en su interacción semántica.

La palabra *cmpax* está relacionada etimológicamente con el adjetivo ruso *cmpozuŭ* "estricto" y tiene su origen indoeuropeo, cuya semántica es "recto", "estirar", "poner recto", "estricto", "austero" (Diccionario de Chernykh). Esta palabra, cuyo significado inicial es "estupor", se acerca a las palabras *stregti, stregiu* en lituano "entumecerse, convertirse en hielo", *strēgele* en letón "carámbano" etc. (Diccionario de Fasmer). De este modo, la semántica original de esta base, con toda probabilidad, suponía una idea de cambio en el objeto (alargamiento o entumecimiento) como resultado de un impacto físico, pero en la lengua rusa las palabras con esta base con el tiempo empezaron a adquirir un significado referente al estado de una persona que no surge a causa de un impacto físico, sino de un impacto emocional.

El estudio de este grupo semántico en su aspecto diacrónico supone recurrir a los diccionarios históricos de la lengua rusa. En este estudio hemos analizado qué palabras con la base *cmpax* están representadas en el Diccionario Sreznevsky y DLR. En todos los diccionarios mencionados podemos ver que el sustantivo *cmpax* significa, por lo general, "miedo, horror; amenaza; fenómeno que causa miedo", "temor reverente, temblor". De este modo, dicho sustantivo desde hace mucho tiempo denota un estado emocional en una persona, al igual que el fenómeno que provoca este estado. El miedo podía ser reverente o piadoso (se trata de la adoración a Dios y a todo lo relacionado con éste). En tal estado una persona no experimenta emociones negativas, sino positivas. Asimismo, se puede notar que la semántica del sustantivo *cmpax* ha sufrido cambios insignificantes y su uso refleja una futura estructura polisemántica de derivados del nido de derivación: rasgo, acción, estado, etc.

Las relaciones derivativas entre los derivados del mismo nido, al estar presentes en la conciencia de un hablante nativo, se reflejan en el uso selectivo de palabras de la misma base. Al mismo tiempo el hablante, como norma, comprende con claridad la pertenencia del derivado a un determinado nido de derivación. De lo antedicho procede que el orden de formación de derivados no siempre tiene un significado de principio, ya que el componente semántico que testifica la pertenencia a este nido de derivación está presente en cada unidad lingüística y un nido de derivación, al ser una unidad lingüística compleja, refleja una estructura de representación nacional y cultural del mundo como ciertas situaciones comunes. El nido de palabras con la misma base léxica se presenta como una situación típica cuyos miembros están relacionados mutuamente. En un nido de derivación podemos distinguir un grupo de derivados con significado de persona, acción, rasgo, objeto, instrumento, lugar, tiempo, etc.

El nido moderno de derivación del sustantivo *cmpax*, según datos extraídos de diccionarios de formación de palabras, incluye 50 derivados. Sin embargo, muchos de ellos están en desuso y no se emplean. Tomando en consideración los datos del diccionario de frecuencias, hemos reducido el número de derivados analizados excluyendo las palabras con índice cero de frecuencia y hemos distribuido las palabras restantes por los siguientes microcampos:

A. Microcampo *действие "acción"*. En este grupo hemos incluido tanto los sustantivos derivados como los verbos: *устрашение* "intimidación"; *страшить – стращать* "atemorizar, dar miedo"; *устрашать – устрашить* "horrorizar (imperfectivo y perfectivo)"; al igual que los derivados con significado reflexivo formados mediante el afijo *-ся*: *страшиться, устрашиться* "espantarse, asustarse".

Veamos qué unidades de este grupo figuran en los diccionarios históricos.

Los derivados con significado derivativo de acción formados mediante el sufijo *-ениј- / -ниј*: *страшение* "intimidación" (en la lengua rusa moderna es muy poco usado, antes tenía el significado de "atemorizamiento; miedo, temor, temor reverente, reverencia; fenómeno espantoso; exclamación durante la liturgia: *со страхом Божиим и верою приступите* "con temor reverente a Dios y con fe procedan"); *устрашение* "intimidación"; *стращание* "atemorizamiento"; *страхование* "susto" (formaba parte del nido de derivación del sustantivo *страх* y denotaba un estado de miedo, amenaza, al igual que un "estado enfermizo causado por un susto, enfermedad psíquica que se expresa en estado de miedo; peligro"). Cabe notar la falta del verbo *страховати* "asustar" en los diccionarios históricos. No obstante, no podemos excluir que existiera en la lengua rusa en algún momento. A este grupo de derivados también pertenecen los sustantivos *страшливствие, страшильствие* "temor" que han quedado fuera de uso debido al "triunfo" de un sufijo más productivo *–ниј-* y a la sustitución por el sinónimo *боязнь* "temor".

Los derivados con el significado derivativo "conferir a alguien o algo lo que está denominado por el sustantivo motivador" formados mediante el sufijo *-и-*: *страшити* "asustar". El verbo denotaba una acción que provocaba un estado emocional de miedo y estaba dirigida hacia otro sujeto. Aun así, también figura el significado de una acción dirigida hacia uno mismo, como "sentir miedo, temer"; mediante el sufijo *-a-* se forman: *страшати* "amenazar, dar miedo", *стращати* "amedrentar, amenazar". Ambos verbos están en desuso y han sido sustituidos por sinónimos en el sistema léxico.

Los derivados con el significado derivativo "repetir muchas veces una acción denominada por el verbo motivador" formados mediante el sufijo *-a-*: *страшати* "amenazar, asustar", *устрашати* "atemorizar, causar horror, asustar, espantar". En este caso la homonimia con el derivado denominal mencionado en el apartado anterior, al igual que una posible coincidencia semántica *страшати – устрашати,* contribuyeron a que el primer derivado hubiera dejado de usarse.

Los derivados con el significado reflexivo formados mediante el sufijo *-ся*: *страшитися* "tener miedo, asustarse, estar asustado, experimentar miedo… precupación (hablando de un trastorno psíquico)", *страшатися* "experimentar miedo, temer, inquietarse, preocuparse", *стращатися* "temer, recelar", *устрашитися* "asustarse, espantarse", *устрашатися* "tener miedo; reverenciar, venerar". Este modelo de formación también es productivo en la lengua rusa moderna ya que, a nuestro juicio, refleja una proyección semántica sobre el sujeto. A los derivados de este grupo se les puede atribuir el verbo *страховатися* "temer, experimentar sentimiento de miedo, preocupación, inquietud, alarmarse" que, por lo visto, se formó a partir del verbo *страховати* que no figura en los diccionarios (véase más arriba).

Los derivados con el significado derivativo "llevar a cabo (llevar hasta alcanzar el resultado deseado) una acción denominada por el verbo motivador" formados mediante el prefijo *у-*: *устрашити(ся)* "asustar, horrorizar, amedrantar; asustarse, amedrantarse".

B. Microcampo *признак, качество "rasgo, cualidad"*. En este grupo hemos reunido los siguientes sustantivos y adjetivos derivados: *бесстрашие* "falta de miedo", *неустрашимость* "osadía"; *страшный* "temible", *устрашающий* "temeroso", *неустрашимый* "osado", *бесстрашный* "temerario", al igual que los adverbios derivados con significado de rasgo (modo) de acción formados mediante el sufijo *-o*: *страшно* "de miedo", *бесстрашно* "sin miedo", *страшновато* "con algo de miedo", *неустрашимо* "valientemente"; y también el sufijo *-e*: *устрашающе* "horriblemente". En este caso observamos una interacción derivativa dentro del nido, ya que los derivados pueden formarse a base de adverbios con significado subjetivo-apreciativo: *страшно* "de miedo" → *страшновато* "con algo de miedo".

Veamos qué unidades de este grupo figuran en los diccionarios históricos.

Los derivados con el significado derivativo de rasgo abstracto formados mediante el sufijo *-иј-*: *бесстрашие (бестрашие)* "falta de miedo, intrepidez"; *бесстрахование* "intrepidez"; mediante el sufijo *-ств-*: *страшивьство* "miedo, cobardía", *страшливство* "cobardía, miedo".

Los derivados con el significado derivativo de rasgo que se refiere al objeto, fenómeno denominado con la palabra motivadora con el sufijo *-н-*: *страшьнъ (страшьныи)* "temible". Al principio este adjetivo tenía los significados de "temible, terrible, que da miedo" y "que causa reverencia, veneración" (DAE), lo que estaba condicionado por los significados del sustantivo base. Con el tiempo la semántica de este adjetivo se hace más compleja: primero, la estructura semántica se completa con los componentes "asombroso", "maravilloso, milagroso" (Diccionario de Sreznevsky, DLR); en segundo lugar, el impacto emocional se transforma en un impacto intensivo y surgen los componentes "grande, pesado; fuerte, brutal", "muy fuerte en el grado de manifestación de algo" (Diccionario de Sreznevsky, DLR); en tercer lugar, aparece el significado de "que tiene miedo de algo, de alguien", es decir, se observa una reorientación del sujeto u objeto que causan miedo al sujeto que experimenta este miedo (DLR).

Los derivados con el significado derivativo de rasgo de falta de algo formados mediante la combinación del prefijo y sufijo *бес...н*: *бесстрашный (бестрашьныи)* "intrépido; que no da miedo, seguro; que no tiene miedo, atrevido, temerario, insolente, descarado"; el prefijo *не*: probablemente, *неустрашеный* "al que es imposible asustar".

Los derivados con el significado de rasgo (modo) de acción formados mediante el sufijo *-o-* o el sufijo *-Ѣ- (ять)*: *страшьно* "con temblor, con sumisión; terriblemente, dando miedo; extremadamente, muy; con pánico, con miedo; milagrosamente, incomprensiblemente; con un miedo reverente" y *страшнѣ* "terriblemente" (se puede notar que la estructura semántica del adverbio *страшьно* iba complicándose con el tiempo, lo que se debe, a su vez, a la complicación semántica del adjetivo *страшьныи* (véase más arriba)); *страховито* "con miedo; terriblemente"; *страховидно* "terriblemente", *страхоприступно* "con cuidado" (en los dos últimos casos los adjetivos base no figuran en los diccionarios). Un gran número de derivados que caracterizan una acción demuestra una importancia en la expresión de este significado derivativo.

Los derivados con el significado "que se caracteriza por estar relacionado con lo que está denominado por la palabra motivadora" formados mediante el sufijo *-лив-/-ив-*: *страшивъ* (*страшивыи*) "asustado, que tiene miedo" (DAE), "temeroso; que tiene miedo; asustado; lleno de miedo" (Diccionario de Sreznevsky). Se puede notar el desarrollo de la estructura semántica de esta palabra: primero este adjetivo denotaba el estado temporal de una persona que siente miedo, luego el adjetivo empieza a caracterizar a una persona que siempre tiene miedo de algo o de alguien. Además, en el Diccionario de la lengua rusa de los siglos XI-XVII figura el significado de "que da miedo", es decir, *страшивыи* no es solo el que tiene miedo, sino también al que tienen miedo. A este grupo también pertenecen los derivados *страшьливыи* "temeroso, cobarde", *страхливыи* "miedoso, temeroso; que causa miedo", *страшнивый* "lo mismo que *страшливый*"; al igual que el adjetivo *страховитый* "que causa recelo, peligroso; temible, que asusta con su aspecto" formado mediante el sufijo *-овит-* y que a mediados del siglo XX tenía el significado de "temible, desagradable, feo" (DLR). Todos estos derivados no se usan en la lengua rusa moderna, lo que, a nuestro juicio, se debe a su sustitución por el adjetivo "universal" *страшный*.

Los adjetivos derivados con el significado derivativo de "que se caracteriza por estar relacionado con una acción denominada por la palabra motivadora" formados mediante el sufijo *-тельн-*: *страшити* "asustar" → *страшительный* "que da susto, horroriza"; el sufijo *-н-*: probablemente, *страховати* "asustar" → *страхованный* "relacionado con peligro".

Los adjetivos derivados compuestos *страшнощитный* "que da miedo con su escudo, que tiene un escudo terrible", *страхоносный* "que provoca un sentimiento de miedo", *страшливосердый* "cobarde, miedoso". Actualmente la composición como método de formación de nuevas palabras en el grupo semántico estudiado no es productiva.

Un lugar especial en este microcampo lo ocupan los derivados con el significado subjetivo-apreciativo formados mediante el sufijo *-еньк-* (significado diminutivo cariñoso): *страшный* "temible" → *страшненький* "feíto"; derivados con el significado derivativo de "el que posee una cualidad en grado atenuado, disminuido" con el sufijo *-оват-*: *страшный* "temible" → *страшноватый* "algo temible"; derivados con el significado derivativo de "cualidad, rasgo intensificados" formados mediante el sufijo *-н-*: *страшный* "temible" → *страшенный* "muy temible". En los diccionarios históricos no hay formaciones semejantes, lo que se debe a una aparición bastante tardía del mecanismo de derivación de este grupo.

C. Microcampo *лицо "persona"*. Este microcampo, como regla, no tiene derivados dentro de la estructura del nido de derivación de sustantivos que representan conceptos emocionales. En la lengua rusa moderna destacamos el sustantivo *страшилище* "espantojo" que es de género común y se usa en habla coloquial y vulgar. Se caracteriza por una expresividad especial, puede denotar a un hombre y a una mujer, al igual que algo sin género y sobrehumano que solo parece vivo, como un monstruo fabuloso, un monumento, etc. En los diccionarios históricos encontramos el sustantivo *страшило* "el que (o lo que) da susto, causa miedo, horror, algo muy feo, terrible, espantojo; hablando de máscaras", *страшилище* "algo que da miedo, causa terror". A partir de éste último se formó también el adjetivo *страшилищный* "algo espantoso, que causa horror", que actualmente tiene un índice cero de frecuencia. Es curioso que antes en la lengua rusa también hubiera un derivado como *бесстрашникъ* "el que no tiene miedo". Hoy en día en su lugar en la lengua rusa moderna se emplean las combinaciones de palabras *смелый человек* "hombre valiente", *смельчак* "valiente", *бесстрашный человек* "hombre intrépido". En los diccionarios figura también el adjetivo *страшное* con el significado de sustantivo "fenómeno que da susto, causa horror" (DAE) que, debido a su ambigüedad, también puede ser atribuido a este grupo.

De este modo, al principio, las zonas semánticas más importantes del nido de derivación del sustantivo *страх* eran la acción y el rasgo. La categoría de sujeto no ha tenido un debido desarrollo derivativo al haber sido plasmada en algo indeterminado y parecido a una persona. El espacio derivativo de intensidad ha sido completado con derivados de forma mucho más tardía y ha adquirido un carácter universal, pues es capaz de interactuar con las demás zonas. Por otro lado, nuestro material demuestra una serie de cambios como consecuencia de los procesos que tienen lugar en la semántica de palabras, al igual que debido a una interacción con derivados que forman parte de grupos semánticos de los sinónimos *испуг* "susto", *боязнь* "temor", *угроза* "amenaza", etc.

A. El microcampo *действие "acción"*, según datos de diccionarios del siglo XVIII – principios del siglo XIX, está representado por los siguientes derivados: *страхование* "susto", *устрашение* "atemorizamiento", *бесстрахование* "intrepidez"; *застращивать – застращать* "asustar (imperfectivo – perfectivo)", *настрашить* "asustar", *настрашиться* "asustarse", *остращивать – острастить* "atemorizar (imperfectivo – perfectivo)", *перестращать* "aterrorizar", *пострашити* "dar algo de miedo", *страховать* "asustar", *страшить* "dar miedo", *страшиться* "temer", *стращать* "atemorizar", *устрашать* "horrorizar", *устрашаться* "espantarse".

Los derivados *страшити, страшение* figuran en los diccionarios como *en desuso*. Además, se está formando un nuevo nido de derivación tomando como base el verbo *страховать,* cuyo significado principal ha pasado a ser "entregar una finca, algunas cosas y capital en efectivo a riesgo o bajo la responsabilidad de alguien" (DAR). Forman parte de este nido los derivados *страхование* "acción del que asegura", *страхователь* "el que entrega algo a riesgo", *страховый* "relativo, referido al seguro", "constituido para asegurar", *страховщик (страхователница – fem.)* "el(la) que toma algo a su riesgo", *застрахованный* "entregado a riesgo". Por ejemplo:

> "Сложилась даже легенда, что бедствия не прекратятся, покуда в городе существует хоть один либерал, и что только тогда, когда Феденька окончательно разорит гнездо нечестия, можно будет не *страховать* имуществ, не удобрять полей, не сеять, не пахать, не жать, а только наполнять житницы… / Incluso surgió la leyenda de que los accidentes no cesarán hasta que en la ciudad haya por lo menos un liberal, y que solo cuando Fedenka arruine definitivamente el nido de deshonra se podrá no asegurar los bienes, no abonar los campos, no sembrar, no arar, no segar sino solo llenar los graneros…", "Здесь *страхуют* домы от огня и воды / Aquí aseguran las casas contra incendios e inundaciones", etc. (Corpus nacional).

El sustantivo *страхование* antes se empleaba con el significado de "amenaza, fenómeno que da miedo" (DAR). Por ejemplo, en los textos de finales del siglo XVII encontramos ejemplos como el siguiente: "А из Юрьева стрельба была пушечная великая, и на шведов *страхование*, и от такого ужаса они сами посады свои выжгли / Y desde Yuryev se produjo un gran fuego de cañones y un gran susto entre los suecos que, ante tal horror, quemaron sus poblaciones" (Corpus nacional), etc. Sin embargo, tal uso de la palabra *страхование* está marcado como *eclesiástico* y figura, como ya lo hemos notado antes, otro significado de este sustantivo, que es "acción del que asegura" (DAR), lo que refleja una activa práctica de hacer contratos de seguro en Rusia a partir de finales del siglo XVIII.

La fuente de generación de una nueva semántica es, por lo visto, un cambio en la semántica del sustantivo *страх*. Etimológicamente en el significado de la palabra *страх* desde el principio había una idea de cambio de un objeto como resultado de un impacto físico (Diccionario de Chernykh), lo que se refleja en la lengua rusa moderna cuando describimos el estado de una persona que experimenta miedo: *похолодеть от страха* "helarse de miedo", *съежиться от страха* "encogerse de miedo", *скорчиться от страха* "acurrucarse de miedo", *подгибаться* "doblarse" o *отняться ногам от страха* "paralizarse los pies por el miedo", *закрыть глаза от страха* "cerrar los ojos por miedo", *плакать от страха* "llorar de miedo", etc. Sin embargo, el análisis de estos diccionarios demuestra la importancia ya desde los tiempos antiguos del componente emocional en la semántica de la palabra страх que denota "miedo, horror; amenaza; fenómeno que da miedo", "temor reverente, estremecimiento" (Diccionario de Sreznevsky). *Страх* también podía ser *благоговейным* "piadoso" cuando se trataba de adorar a Dios y a todo lo relacionado con éste. Por otro lado, ya en el siglo XVIII se observan cambios considerables en la semántica del sustantivo que no solo denota "horror, preocupación", "sumisión" sino también "responsabilidad". Esto último se reveló en un uso activo de la frase *взять (брать) что-то на страх* "tomar, asumir por cuenta propia, custodia; responsabilizarse de algo" (DAR). Por ejemplo:

> "Для сопротивления опасности морской начали изобретать распоряжение для безопасности (ассекуранция) договором, обвязывающим одного *брать* на себя весь *страх* торга другого за некоторую часть цены товаров… / Para resistir a los peligros del mar empezaron a inventar decretos para la seguridad (aseguramiento) por medio de un contrato que

obliga a uno a asumir todo el riesgo del otro por una determinada parte del precio de las mercancías…", etc. (Corpus nacional).

De este modo, todo un conjunto de circunstancias lingüísticas y extralingüísticas ha llevado a que se haya formado un nuevo nido de derivación del verbo *страховать* "asegurar" que actualmente no está relacionado con el sustantivo *страх*.

En la lengua rusa moderna los derivados más frecuentes que forman parte del nido de derivación de este sustantivo son los siguientes: *устрашение; страшить, стращать, устрашить - устрашать, страшить – страшиться*. El número de palabras que se usan activamente nos permite llegar a una conclusión sobre la tendencia a reducir el número de derivados del microcampo estudiado.

B. Inicialmente el microcampo *признак, качество "rasgo, cualidad"*, como demuestran los diccionarios del siglo XVIII, también estaba representado por un grupo más amplio de derivados: *бесстрашие* "valentía", *нестрашимость* "intrepidez", *страховитость* "miedo, temor", *страховатость* "algo de miedo, temor", *страшливость* "algo de miedo, temor"; *бесстрашный* "valiente", *неустрашимый* "intrépido", *страховатый* "que tiene algo de miedo", *страшливый* "que tiene algo de miedo", *страховитый* "que tiene algo de miedo", *страшный* "temible"; *бесстрашно* "sin miedo", *страховито* "con algo de miedo", *страшливо* "con algo de miedo", *страшно* "temiblemente".

Si juzgamos por los datos de los diccionarios, el número de adjetivos derivados pertenecientes a este grupo se redujo ya para finales del siglo XVIII (Diccionario de Sreznevsky). Muchos adjetivos derivados que caracterizaban a alguien tanto asustado como temible no se usan en la lengua rusa moderna lo que, a nuestro juicio, se debe a su sustitución por el adjetivo "universal" *страшный*, que ya en el siglo XVIII mantiene en su significado solo la semántica de "que da miedo" perdiendo la de "temeroso, asustado" (DAR). Con la pérdida de adjetivos, se dejan de usar también los sustantivos correspondientes.

En la lengua rusa moderna este microcampo está representado por los siguientes derivados: *бесстрашие, неустрашимость, бесстрашный, неустрашимый, страшный, страшно, бесстрашно, неустрашимо, устрашающе*. Para este grupo de palabras, por lo visto, sigue siendo relevante mantener durante siglos la posibilidad de expresar la semántica de "valiente, que no tiene miedo" gracias a los adjetivos *бесстрашный, неустрашимый* que destacan también en la actualidad.

El significado de *интенсивность "intensidad"* se representa solo con derivados modernos: *страшненький* "algo temible", *страшноватый* "algo feo", *страшенный* "muy temible, muy feo", *страшновато* "feamente, temiblemente". Dichas formaciones no se encuentran presentes en los diccionarios de la lengua rusa antigua, lo que se debe a la aparición bastante tardía de este mecanismo de derivación de dicho grupo. Así, en los textos del Corpus nacional de la lengua rusa de aquel período hasta la primera mitad del siglo XIX observamos solo un ejemplo:

"То правда, отвечал г. Балабин, ехать туда теперь очень, очень *страшненько*… / Es verdad, respondía el señor Balabin, ir allí ahora da mucho, pero mucho miedo…" (Corpus nacional). En los materiales de la segunda mitad del siglo XIX el número de usos de tales derivados va creciendo considerablemente: "И шут его, прости господи, знает, откуда он только выкапывал деньжищу эту *страшенную*? / ¿Y quién sabe, que Dios me perdone, de donde sacaba ese tremendo dinerazo?", "А? Собачища *страшенная*. Вы как думаете, выйдет? / ¿Ah? Un perrazo terribilísimo. ¿Qué cree usted, va a salir?", etc. (Corpus nacional).

De este modo, por un lado podemos hablar de la formación bastante tardía de este grupo de derivados, pero por otro lado hay que tener en cuenta que los derivados de este microcampo tienen la posibilidad de interactuar fácilmente con derivados de otros microcampos (por ejemplo, de acción y de rasgo) indicando su intensidad.

C. El microcampo *лицо "persona"* también ha sufrido cambios considerables. En los diccionarios de los siglos XVIII-XIX figuran los siguientes derivados: *бесстрашник, страшилище, страшило*. El sustantivo *бесстрашник* se usaba con el significado de "el que no tiene miedo, rebelde" y se marcaba como en desuso (DLEER). Los sustantivos *страшилище* y *страшило* figuran en el mismo artículo del diccionario con el significado de "monstruo, objeto que horroriza" (DAR).

En la lengua rusa moderna en el nido de derivación del sustantivo *страх* no hay sustantivos con significado similar. Observamos un derivado con significado derivativo de persona en relación a una acción: *страшить → страшилище*. Es de género común y se usa en el habla coloquial y vulgar, se caracteriza por una especial expresividad, puede denotar tanto a un hombre como a una mujer, también puede denotar algo asexual y sobrehumano, algo que parece vivo, un monstruo fabuloso, etc.

Los sinónimos de este sustantivo en la lengua rusa son: *ужас* "horror", *трепет* "estremecimiento", *жуть* "pavor", *страсть* "horror", *испуг* "susto", *паника* "pánico", *перепуг* "espanto", *боязнь* "temor", *опасение* "recelo", *опаска* "recelo", *тревога* "ansiedad" (Diccionario de Aleksandrova). Los diccionarios indican determinadas limitaciones estilísticas: las palabras *жуть, перепуг, опаска* son consideradas coloquiales, mientras que *страсть* se considera vulgar. Las palabras *боязнь* y *опасение* están relacionadas con el miedo o el peligro en el futuro, mientras que *испуг, паника* se refiere a un miedo brusco, repentino (Diccionario de Ushakov). La palabra *паника* se caracteriza como un miedo de muchedumbre, de multitud de gente, y *ужас* como una emoción más fuerte e intensa que *страх*. Los más usados en la lengua rusa son los sustantivos *ужас, тревога, опасение, паника, испуг, боязнь* (Diccionario de Frecuencias). Vamos a analizar los nidos de derivación en los que parte de su estructura forman los sinónimos indicados.

El más numeroso es el nido de derivación que incluye el sustantivo *испуг*. La organización general del campo de derivación de los sinónimos indicados es parecida. Como norma, en la zona núcleo se encuentran los microcampos de acción y de rasgo, cualidad y en la zona periférica está el microcampo de persona (Diagrama 2).

En el microcampo *действие "acción"* se observan claramente dos tendencias: denotar una acción dirigida a otra persona y también una acción del que experimenta miedo. Analizando la derivación deverbal hemos considerado conveniente incluir en este grupo el nido de derivación del sustantivo *трус "cobarde"*, ya que es la palabra más usada para denominar a una persona que se asusta o tiene miedo fácilmente.

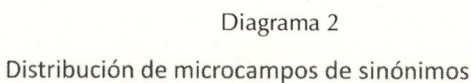

Diagrama 2

Distribución de microcampos de sinónimos

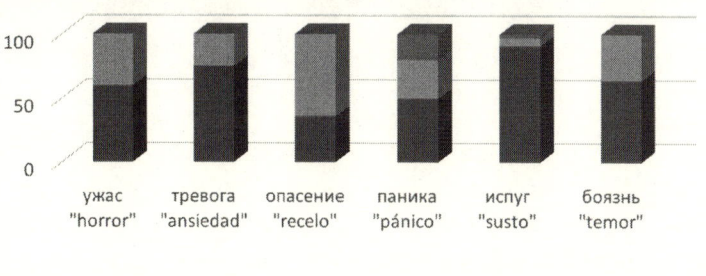

■ действие "acción"   ■ признак, качество "rasgo, cualidad"   ■ лицо "persona"

En general, podemos decir que en la visión lingüística del mundo se refleja todo el espectro de procesos debido a la formación de derivados según el paradigma derivativo de prefijos del verbo:

- inicio de una acción: *встревожить* "alarmar", *запаниковать* "entrar en pánico", *забояться* "empezar a temer", *затрусить* "empezar a temer", etc.
- resultado de una acción: *потревожить* "llegar a alarmar", *испугать* "asustar", *запугать* "espantar", *струсить* "asustarse", etc.
- una acción intensa: *перетревожить* "alarmar mucho", *перепугать* "asustar mucho", *напугать* "asustar mucho", *перетрусить* "asustarse mucho", etc.
- una acción de poca intensidad: *подпугнуть* "asustar un poco", *припугнуть* "asustar un poco", *побаиваться* "temer un poco", etc.
- una acción en distintas direcciones: *растревожить* "alarmar", *распугать* "asustar", etc.
- una acción dirigida a alejar a alguien: *отпугнуть* "asustar para que se vaya", *спугнуть* "asustar", *вспугнуть* "asustar", etc.
- una acción temporal: *попугать* "asustar durante algún tiempo", *потрусить* "estar asustado durante algún tiempo", etc.
- fin de una acción: *перебояться* "dejar de tener miedo", etc.

Casi todos los verbos derivados pueden convertirse en una base léxica para formar verbos mediante el sufijo - *ся*, lo que, a nuestro juicio, refleja una característica típica de un campo de derivación de conceptos emocionales, es decir, una relación con los cambios de estado emocional interno. Por ejemplo: *ужасаться* "horrorizarse", *встревожиться* "alarmarse", *пугаться* "asustarse", *перепугаться* "asustarse mucho", etc. Dentro del marco de esta tendencia algunos verbos con el tiempo han perdido su base léxica sin sufijo, como *бояться* "tener miedo" o *опасаться* "recelar".

El microcampo *признак, качество* "rasgo, cualidad" está representado por adjetivos, adverbios y sustantivos derivados. En este caso vemos que lo importante no es solo caracterizar un rasgo o una cualidad que están relacionados con lo denotado por la base léxica, sino también indicar el carácter de una acción. Una variante muy frecuente en la estructura de este microcampo será una "triplicidad": sustantivo – adjetivo – adverbio. Por ejemplo: *ужас* "horror" – *ужасный* "horroroso" – *ужасно* "horriblemente", *тревожность* "ansiedad" – *тревожный* "ansioso" – *тревожно* "con ansiedad", *опасность* "peligro" – *опасный* "peligroso" – *опасно* "peligrosamente", *опасливость* "recelo" – *опасливый* "receloso" – *опасливо* "con recelo", *безопасность* "seguridad" – *безопасный* "seguro" – *безопасно* "con seguridad", *пугливость* "miedo" – *пугливый* "miedoso" – *пугливо* "con miedo", *трусливость* "cobardía" – *трусливый* "cobarde" – *трусливо* "con cobardía", etc. En algunos casos esta triplicidad tiene un reflejo potencial al interactuar con derivados de otro microcampo: *паника* "pánico" – *панический* "pánico" – *панически* "con pánico", *боязнь* "miedo" – *боязливый* "miedoso" – *боязливо* "con miedo". En el microcampo *признак, качество* "rasgo, cualidad" también está presente la posibilidad de demostrar una falta de este rasgo o cualidad: *безбоязненный* "atrevido", *безопасный* "seguro", *неопасный* "no peligroso", etc.

El microcampo *лицо* "persona" está representado por sustantivos aislados entre los cuales hay muchas palabras coloquiales: *паникер* "alarmista (m)", *паникерша* "alarmista (f)", *трус* "cobarde (m)", *трусиха* "cobarde (f)", *трусишка* "cobardito(-a)". Algunas palabras pueden no denotar a una persona, como *пугало* "espantapájaros" (compárese con *страшилище* "espantajo" arriba mencionado).

En general, desde nuestro punto de vista, un número importante de sinónimos que forman parte de nidos ramificados de derivación ha determinado, por un lado, un carácter potencialmente desarrollado de representatividad de la visión lingüística del mundo, ya que esto permite reflejar en el idioma todo lo que le sucede a un ser humano y a su alrededor; por otro lado, ha contribuido a crear cierta "competencia" entre los posibles derivados.

De este modo en la lengua rusa moderna los microcampos más importantes y más desarrollados dentro de la estructura del campo de derivación del concepto emocional *страх* son los microcampos de *действие* "acción" y de *признак, качество* "rasgo, cualidad" lo que refleja la importancia de estos rasgos cognitivos. El microcampo de *лицо* "persona" no ha tenido un debido desarrollo derivativo y a menudo se realiza de una manera indefinida, formando derivados en cuya semántica se refleja solo una cierta apariencia humana. El análisis del desarrollo histórico del campo de derivación ha demostrado que el número de derivados que expresan intensidad ha sido completado mucho más tarde y ha adquirido un carácter universal, ya que es capaz de interactuar con las demás zonas semánticas. En general se observa una considerable reducción del número de derivados con la misma base que representan el concepto *страх* lo que, al parecer, puede estar relacionado con una serie de causas: cambio en la semántica de palabras, separación de un nuevo nido de derivación del verbo *страховать* "asegurar", así como también el desarrollo de las relaciones sinónimas correspondientes con derivados de los nidos de derivación de las palabras-sinónimos.

4. Campo de derivación del concepto гнев "ira" en la lengua rusa

El sustantivo гнев *"ira"*, según los datos aportados por diccionarios etimológicos, se forma a partir de la misma base léxica que el verbo гнить "pudrirse". Lo más probable es que sea un derivado con sufijo afín a гнить. Originado de *gnoivъ (de гнои/pus con el sufijo -в-) > gněvъ > гнев. En este caso, гнев es, literalmente, un "sentimiento de irritación" (de deterioro) (Diccionario de Shansky). El desarrollo de su significado tuvo la siguiente evolución: гниение "putrefacción", гниль "podredumbre", гной "pus", яд "veneno", злоба "cólera", гнев "ira" (Diccionario de Krylova). En los diccionarios del siglo XVIII – principios del siglo XIX el sustantivo гнев figura con el significado de "un fuerte sentimiento de indignación; un gran enojo", "expresión de una gran indignación por una irritación que nos ha sido causada". Por otra parte, figura el uso de la frase hecha *Гнев Божий* "un castigo enviado a causa de nuestros pecados" (DAR, DAE). En el Diccionario de Dal гнев se define como "un fuerte sentimiento de indignación: irritación ardiente, impulsiva, y llanamente: corazón; impulso feroz, estallido; rabia, rencor" (Dal, 1863). En general, podemos hablar de la subsistencia de la semántica de este sustantivo, aunque en la lengua rusa moderna se subraya la importancia de la expresión impulsiva de esta emoción, siendo un "sentimiento de una fuerte indignación o resentimiento, estado de extrema irritación o de un fuerte disgusto con algo o con alguien (que se expresa con agitación)" (Diccionario de Efremova).

El nido moderno de derivación del sustantivo гнев, según los datos del Diccionario de Tikhonov, incluye 28 derivados (Diccionario de Tikhonov). Hemos distribuido estas palabras en dos grupos (microcampos) tomando en consideración su significado derivativo y hemos analizado los cambios que han tenido lugar en el contenido de estos microcampos a partir de principios del siglo XVIII.

A. El microcampo *действие "acción"*, según los datos de diccionarios del siglo XVIII – principios del siglo XIX, está representado por los siguientes sustantivos y verbos derivados: гневание "continuación de la ira", прогневание "irritación, hacerle a alguien sentir ira, pena, rencor", прогневление "acción del que hace sentir ira, irritación, rencor", разгневание "irritación, provocación de la ira", гневообуздание "amansamiento de la ira, alivio del rencor", гневоудержание "acción de contenerse de ira"; гневить - гневать "provocar ira, enojar", гневаться "sentir ira, enojarse", погневаться "sentir ira durante algún tiempo", прогневлять (aspecto perfectivo прогневать) "irritar, provocar ira", прогневляться (aspecto perfectivo прогневаться) "sentir ira, irritarse, estar indignado", разгневлять (aspecto perfectivo разгневать) "poner a alguien airado, enfadar", разгневляться (aspecto perfectivo разгневаться) "ponerse airado, enfadarse; estar airado" (DAR, DAE).

Los sustantivos derivados pertenecientes a este grupo suelen formarse mediante el sufijo -nij- (sufijo moderno: –ниj-), que resulta ser el más productivo al plasmar el significado derivativo de una "acción abstracta" (Sandutsa, 2017). Desafortunadamente, en los materiales del Corpus nacional de la lengua rusa, encontramos solo los dos sustantivos deverbales прогневание y прогневление:

"… без *прогневания* Бога и оскорбления отечества не можешь ты пожертвовать жизнию как своею, так и малым нас остатком / … sin enojar a Dios y ofender a la Patria no puedes sacrificar tu vida ni lo poco que queda de nosotros", "Я объявила ему о намерении моего дяди, и об моем искреннем раскаянии о *прогневлении* моей родни отказом на благоразумныя предложения / Le declaré la intención de mi tío y mi más sincero arrepentimiento de haber provocado el rencor de mi familia con mi negativa a una sensata propuesta", etc. (Corpus nacional).

La falta de ejemplos de otros derivados se explica por su baja frecuencia y afinidad en la semántica de derivados. Así, en el Diccionario de Dal figura solo *гневание* "continuación de la ira", al igual que otros sustantivos formados mediante la composición de bases: *гневобуздание* y *гневоудержание* (Diccionario de Dal). Por ejemplo: "Уже подобныя сим красоты, в двенадцатом веке чувствуемыя: "излиемъ, яко миро, на главу его веру и любовь нашу; изыдем любовию, яко и народы, во сретеніе ему; сломимъ *гневодержание*…" / Bellezas semejantes a éstas que se sentían en el siglo XII: "vertamos como si fuera mirra sobre él nuestra fe y amor; derrochemos amor como purificación de los pueblos; venzamos rencores", etc. (Corpus nacional).

La formación de palabras complejas usadas en el estilo elevado es un rasgo vivo de la lengua rusa literaria del siglo XVIII.

Los verbos derivados, como regla, reflejan en su semántica una acción dirigida al propio sujeto *(гневаться, погневаться, прогневаться, прогневляться, разгневляться)* o al otro objeto *(гневить - гневать, прогневлять - прогневать, разгневлять - разгневать)*. Compárese:

"Вероятно, ваша рукопись послана в Псков. Сделайте милость, *не гневайтесь* на меня. Сейчас еду хлопотать; задержки постараюсь вознаградить / Es probable que su manuscrito haya sido enviado a Pskov. Haga el favor, no se enfade conmigo. Ahora voy a gestionarlo; procuraré compensar los retrasos", "Да *не гневи* дядюшку. Вон, изволь посмотреть, батюшка, как он глазки-то вытаращил, и ты свои изволь так же вытаращить / No enfades al tío. Mírale, como se le saltan los ojos, y tú haz que se te salten los tuyos", "Во время ли борьбы нашея с болезнями, с смертию, станем мыслить о примирении с Господом Богом нашим, котораго мы *прогневляли* во всю жизнь нашу? / ¿Será en nombre de nuestra lucha contra las enfermedades, contra la muerte, que empecemos a pensar en la reconciliación con nuestro Señor, a quien hemos hecho enfadar durante toda nuestra vida?", "Господь *прогневляется* жертвами возлюбленного им Израиля, потому что руки исполнены крове / El Señor se irrita con las víctimas de su amado Israel, ya que las manos están llenas de sangre", etc. (Corpus nacional).

A nuestro juicio, el significado del proceso de los sustantivos se relaciona con el carácter procesal expresado por los verbos imperfectivos y de resultado por los verbos perfectivos. Solo el verbo *погневаться* "sentir ira durante algún tiempo" denota una acción temporal: "Старик погневается да простит и за неволю / El viejo estará enfadado durante algún tiempo, pero perdonará también la servidumbre" (Corpus nacional), pero, a su vez, se fija en el uso con la partícula negativa *не* con el significado de petición de "no enfadarse": "Уж *не погневайтесь*, что потревожила вас… / No se enfade por haberle molestado…", "Прошу не *погневаться* на нашу простую славянскую пищу, мы подносим ее вам с любовью и уважением / Le suplico que no se enfade por nuestra sencilla comida eslava, se la servimos a usted con amor y respeto", etc. (Corpus nacional).

En el Diccionario de Dal se observa más variedad de verbos con prefijos: *взгневаться, догневаться, загневаться, нагневаться, погневить, перегневаться, прогневаться, разгневаться* (Diccionario de Dal), reflejando así significados de intensidad y resultado de una acción.

La expresión de *не гневить Бога* "no enojar a Dios" adquiere el carácter de una frase hecha:

> "Эх, матушка Марья Алексеевна, охота тебе *гневить бога*! / ¡Ay, querida María Alekseyevna, que ganas tienes de enojar a Dios!", "Дадим ответ и мы, что попустили их обижать наших братьев пора унять беззаконников, да перестанут *гневить Господа Бога*, ибо коли не уймем их, гнев Господень падет на всех нас / Responderemos también nosotros por dejarles ofender a nuestros hermanos, ya es hora de parar a los que no respetan la ley, que dejen ya de enfadar a nuestro Señor, ya que si no les paramos la ira de Dios caerá sobre todos nosotros", etc. (Corpus nacional).

Esta frase sigue usándose en la actualidad con este mismo sentido.

Según los datos del Diccionario de Tikhonov, en la lengua moderna rusa el microcampo *действие "acción"* aparece representado solo por verbos. En nuestra opinión, más de la mitad de derivados son anticuados, ya que muchos de ellos no figuran en los Diccionarios de Ushakov y de Ozhegov o vienen acompañados de un comentario indicando que son "anticuados": *гневить* "causar ira; enojar", *погневить* "aspecto perfectivo de *гневить*", *разгневить* "hacer que alguien se irrite; enfadar", *прогневить* "aspecto perfectivo de *прогневлять*", *прогневлять* "provocar ira, enojar", *погневиться* no figura en diccionarios; *погневаться* "estar algún tiempo irritado, enfadado; el imperativo *погневайся* con negación se usa también con el significado de: no te enfades, no culpes, no reclames, *прогневиться* "aspecto perfectivo de *прогневляться*", *прогневляться* "ponerse irritado, enojarse con algo o con alguien" (Diccionario de Ozhegov, Diccionario de Ushakov).

Son limitados en su uso los verbos con matiz coloquial o de habla vulgar: *гневиться* "coloquial, lo mismo que *гневаться*", *прогневать* "coloquial, lo mismo que *прогневить*", *прогневаться* "aspecto perfectivo, coloquial, lo mismo que *прогневиться*", *загневаться* "coloquial, vulgar empezar a enojarse", *огневаться* "local enojarse, ponerse enojado".

Según los datos del Diccionario de Frecuencias, los verbos más usados de este nido de derivación son: *гневаться* "sentir ira, expresar ira", *разгневать* "hacer que alguien se irrite", *разгневаться* "ponerse irritado" (Diccionario de Frecuencias). De este modo, observamos una reducción considerable de un número real de derivados de este microcampo y una peculiar simplificación de su estructura, lo que se reduce finalmente en la importancia de expresar tres componentes: "experimentar una emoción o un estado", "llegar a una emoción o un estado", "llevar a otra persona a una emoción o un estado". Desde nuestro punto de vista, el conjunto moderno de derivados refleja la importancia de rasgos cognitivos del concepto que ya hemos indicado en estudios anteriores: *начало движения* "inicio de movimiento", *интенсивность* "intensidad", *внезапность* "brusquedad", *вызывание* "provocación" – *преодоление* "superación" – *трансформация* "transformación", *говорение* "habla" – *молчание* "silencio" (Votyakova, 2015). No observamos derivados que tengan el significado derivativo de "fin de acción" ya que lo más importante es su inicio.

B. Una tendencia similar a reducir el número de derivados se observa también en el microcampo *признак, качество "rasgo, cualidad"*, que, como demuestran los diccionarios del siglo XVIII, estaba representado por un grupo de palabras también más amplio: *гневный* "el que siente ira; enojado; el que expresa ira; amenazante", *гневливый* "enojado, propenso a la ira", *безгневный* "el que no siente ira", *гневонеистовый* "el que llega en su ira hasta la rabia", *прогневанный* "irritado, que es llevado a enojarse"; *разгневанный* "enojado, irritado, furioso", *безгневие* "eclesiástico falta de ira", *гневливость* "predisposición a la ira", *гневно* "con ira, con enojo", *гневливо* "lo mismo que *con ira*", *безгневно* "sin mostrar ira" (DAR, DAE).

Destaquemos la importancia del modelo con *без-* inicial que denota una "falta, no demostración" de *гнев*. El sustantivo *безгневие* "falta de ira" se usaba en un contexto religioso ya en aquella época: "Это строгое почитание обычаев, … несмотря на ограниченные пределы самой власти, эта девственная стыдливость юношей, эта благость и благодушное *безгневие* старцев… / Este estricto respeto de costumbres … pese a los alcances limitados de esta misma autoridad, este pudor inocente de los jóvenes, esta bondad y esta apacible falta de enojo de los viejos…", etc. (Corpus nacional).

De este modo, la oposición "presencia de ira – falta de ira" podía reflejarse en la estructura del microcampo *признак, качество "rasgo, cualidad"* en el siglo XVIII – mediados del siglo XIX, lo que resulta en una característica típica de la estructura del campo de derivación de conceptos emocionales de aquel período.

La cualidad de ser "propenso a la ira", al parecer, pierde su importancia, ya que el adjetivo *гневливый* "enojado, propenso a la ira" y sus derivados: *гневливость* "predisposición a la ira", *гневливо* "con ira", ya están fuera de uso. El Diccionario de Dal describe los adjetivos *гневный* y *гневливый* (Diccionario de Dal). No obstante, los materiales del Corpus nacional de la lengua rusa demuestran que *гневный* es, indudablemente, mucho más frecuente, y ya a mediados del siglo XIX ambos adjetivos pueden usarse indistintamente en el mismo texto. Compárese, por ejemplo: "Уклонение от *гневливых* помыслов и от возмущения сердца яростию / Evitar los pensamientos airados y el enojo furioso del corazón", "Вспыльчивость, принятие *гневных* помыслов: мечтание гнева и отмщения, возмущение сердца яростью… / La iracundia, pensamientos airados: soñar con el rencor y la venganza, irritar con furia el corazón…", etc. (Corpus nacional). Una afinidad semántica les resulta característica también a los adjetivos *разгневанный* "enojado" y *прогневанный* "enojado".

Fijémonos en que los microcampos de los siglos XVIII-XIX incluyen adjetivos compuestos cuya presencia significa que este método era muy productivo antes, cuando las palabras compuestas rusas se creaban activamente a causa de copiar la lengua griega y más tarde usando el mismo modelo, pero sin apoyarse en la lengua griega (Nikolaev, 1987). Así, en el Diccionario de Dal encontramos *гневодержный* "el que tiene ira", *долгогневный* "enojado por mucho tiempo", *короткогневный* "enojado por poco tiempo", *гневосердный* "de corazón enojado" (Dal, 1863). Sin embargo, estos adjetivos no se encuentran en los materiales del Corpus nacional de la lengua rusa.

En la lengua rusa moderna, según el Diccionario de Tikhonov, este microcampo está representado con los siguientes derivados: *гневный* "poseído por la ira; propio de una persona así", *гневливый* "*coloquial* propenso a la ira, que se enoja fácilmente; iracundo, que se irrita, propio de una persona así", *разгневанный* "en estado de ira, que expresa ira"; *гневность* "sustantivo abstracto del adjetivo *гневный* "enojado", *гневливость* "*coloquial* sustantivo abstracto del adjetivo *гневливый* "enojado, propenso a la ira", *разгневанность* "sustantivo abstracto del adjetivo *разгневанный* "enojado", *гневно* "en un estado de ira", *гневливо* "*coloquial* con tendencia a la ira, que se enoja con facilidad", *разгневанно* "lleno de enojo, que siente enojo; que expresa tal estado" (Diccionario de Tikhonov).

Notemos las siguientes peculiaridades:

- En los diccionarios explicativos no figuran derivados como *безгневный* "el que no siente ira", *безгневие* "falta de ira", *безгневно* "sin ira". Esto significa que la oposición mencionada ya no es actual o se realiza de otro modo. Por ejemplo: *довольный* "contento" – *недовольный* "descontento", *добрый* "bueno" – *злой* "malo", etc.
- Las palabras *гневливый* "enojado, propenso a la ira", *гневливость* "predisposición a la ira" y *гневливо* "con ira" están limitadas al uso coloquial y su significado es afín a *гневный* "enojado", *гневность* "cualidad de enojado", *гневно* "con ira, enojo" respectivamente.
- El adjetivo *прогневанный* no se encuentra en los diccionarios modernos, sustituyéndose por *разгневанный* "enojado, furioso".

Como demuestran los datos del Diccionario de Frecuencias, en la lengua rusa moderna se usan solo tres derivados*: гневный, разгневанный, гневно* (Diccionario de Frecuencias). Así, podemos llegar a una conclusión sobre la reducción del número de unidades de este microcampo y una fusión semántica de derivados del mismo tipo de formación de palabras.

En el nido moderno de derivación se observa todo un sistema de sinónimos y antónimos con sufijo: *гневный – гневливый – разгневанный; гневный – безгневный; гневность – гневливость – разгневанность; гнев – безгневие; гневно – гневливо — разгневанно; гневно – безгневно*. El significado derivativo de la acción está representado con los siguientes matices semánticos: inicio, intensidad, resultado de una acción, al igual que una acción temporal, lo que se repetirá en las estructuras de los nidos de derivación de sinónimos del sustantivo *гнев*.

El estudio de los nidos de derivación de los sinónimos más frecuentes del sustantivo *гнев* (*бешенство* "rabia", *возмущение* "indignación", *негодование* "indignación", *раздражение* "irritación", *ярость* "furia") tiene una importancia especial, ya que poseen la capacidad de sustituir el uno al otro y, en este caso, la influencia mutua de los nidos de derivación en el proceso de la representación de conceptos se manifiesta ampliamente. Por ejemplo, tal interacción se manifiesta en la existencia de relaciones semánticas más estrechas entre los derivados o miembros de distintos nidos de derivación.

Casi todos los sustantivos-sinónimos son derivados procesales y forman parte de nidos de derivación más grandes. Hemos encontrado solo dos derivados con significado de persona: *возмутитель* "agitador" y *возмутительница* "agitadora"; y un derivado que denota objeto: *раздражитель* "irritante". Esto refleja una tendencia general de llenado de nidos de derivación de los conceptos emocionales.

Los más típicos son los significados derivativos arriba indicados: los de rasgo y de acción. La categoría de rasgo y de acción refleja la estructura general del campo nominativo de un concepto emocional en el que un papel importante desempeña la posibilidad de demostrar *cómo* transcurre una *acción*. El carácter de esta acción se representa con ayuda de sufijos o confijos, gracias a los cuales los verbos derivados expresan, como regla, el significado de la intensidad de una acción (*взбесить* "poner a alguien furioso", *разъярить* "hacer rabiar", *вознегодовать* "indignarse", etc.), de inicio y fin de una acción (*занегодовать* "empezar a indignarse", *забеситься* "empezar a enfurecerse", *отбеситься* "terminar, dejar de rabiar", etc.), de una acción que transcurre durante un determinado tiempo (*побеситься* "estar furioso durante algún tiempo", *понегодовать* "estar indignado durante algún tiempo", *повозмущаться* "estar resentido durante algún tiempo" y otros). El significado derivativo de rasgo no tiene una variedad semántica tan rica, pero está representado en derivados de distintas partes de la oración, gracias a lo cual puede usarse para caracterizar otra acción, otro rasgo u objeto. Estas categorías derivativas actúan recíprocamente y por lo tanto se hacen más ponderables los rasgos procesales: *взбешенный* "encolerizado", *взъяренный* "enfurecido", *возмущенный* "indignado", *раздраженный* "irritado" y otros.

De este modo, un campo de derivación que dispone de sus propios recursos al representar conceptos del mismo tipo tiene un conjunto similar de rasgos cognitivos. Tal y como demuestra nuestro análisis, la expresión del rasgo y del modo de acción, además de la falta de derivados con significado de persona, son características básicas de un campo de derivación de un concepto emocional.

En la estructura del campo de derivación del concepto emocional *гнев* destacan dos microcampos: el de *действие* "acción" y el de *признак, качество* "rasgo, cualidad" lo que está condicionado por la importancia de sus rasgos cognitivos relacionados con la expresión de movimiento, al igual que con su carácter. Otros microcampos típicos para un campo de derivación de un concepto emocional no han tenido el debido desarrollo derivativo. En general, se puede notar una reducción considerable de derivados causada, por un lado, por una tendencia a lo universal y a cierta simplificación en la percepción del estado emocional, lo que se reduce a la tríada semántica de "experimentar una emoción o un estado" – "hacerle a alguien experimentar esta emoción o este estado"

– "llegar el sujeto mismo a esta emoción o este estado". En la lengua rusa moderna los derivados más usados tienen un significado más generalizado, absorbiendo la semántica de derivados en desuso.

Por otro lado, el análisis de nidos de derivación de sustantivos-sinónimos a menudo demuestra una tendencia contraria, como la persistencia de una "variedad" derivativa en la selección de los medios de formación de palabras, lo que conlleva una formación de un número mucho mayor de derivados. Al analizar los verbos con prefijos que se encuentran en los nidos de derivación de sustantivos-sinónimos, se observa la posibilidad de formar derivados dentro de casi todo el paradigma derivativo del verbo: *вс-(вз-)* y *за-* (inicio de una acción), *на-* y *рас-* (intensidad de una acción), *по-* (acción que dura algún tiempo), *по-* (resultado de una acción), *от-*, *пере-* (fin de una acción), etc. Gracias a ello, se consigue un determinado balance, una estabilización y una especie de recompensación en la estructura del campo de derivación de un concepto emocional. De este modo, es en la formación de palabras donde se realiza de la manera más clara la idea de relación de la conciencia con la estructura del idioma. Un estudio detenido sobre cómo se forman las palabras puede dar una respuesta a la cuestión de cuáles son los valores que se quedan en la conciencia y el motivo de ello, y qué en la conciencia lingüística de un pueblo es de importancia vital y social (Vendina, 1998).

La interacción de tipos derivativos a niveles morfémico y semántico dentro de un campo de derivación contribuyen a que se formen relaciones entre niveles y una motivación mutua cruzada de derivados dentro del marco de este nido de derivación. Así, por ejemplo, los verbos con sufijo pueden convertirse fácilmente en bases léxicas para derivados con prefijo y viceversa. Todo ello no solo contribuye a que se formen relaciones derivativas lineales internas en la cadena de derivación, sino que también se manifieste el carácter multidimensional de la estructura de un nido de derivación y, por consiguiente, de un campo de derivación. Esto. a su vez, lleva a que a pesar de dejar de usarse algunas palabras que servían de base léxica, las relaciones derivativas no puedan deshacerse.

5. CAMPO DE DERIVACIÓN DEL CONCEPTO *УДИВЛЕНИЕ* "SORPRESA" EN LA LENGUA RUSA

El sustantivo *удивление* "sorpresa" cierra la siguiente cadena de formación de palabras: *диво* "maravilla" → *дивить* "maravillar" → *удивить* "sorprender" → *удивление* "sorpresa". Según los diccionarios etimológicos, *диво* "tiene su origen en la base indoeuropea *di*, que dió *theos* griego — "divinidad" (o en latín *deos* con el mismo significado)" (Diccionario de Krylova). Como indica N.M. Shansky, el sustantivo *диво* es un derivado y se forma mediante el sufijo *-в(о)* (Diccionario de Shansky). En el Diccionario de Sreznevsky encontramos el sustantivo *дивление* con el significado "sorpresa". Sin embargo, no figura en las fuentes más tardías. En los diccionarios del siglo XVIII – principios del siglo XIX el sustantivo *удивление* se define como el "sentimiento de alguien que encuentra alguna cosa rara, extraordinaria para su especie", "acción de alguien que sorprende y estado de sorpresa". A veces se definía como "prodigio, maravilla" (DAR).

En la lengua rusa moderna este sustantivo denota "estado causado por una fuerte impresión a partir de algo extraordinario, inesperado, raro, incomprensible; sorpresa" (Diccionario de Kuznetsov), "impresión de algo inesperado, raro e incomprensible" (Diccionario de Ozhegov). Es evidente que en la semántica de esta palabra han aparecido y se han afirmado los semas "rareza" e "incomprensibilidad". Es posible que esto esté condicionado por el hecho de que el sustantivo *удивление* nombrando una emoción básica no es la palabra principal del nido de derivación al cual pertenece.

Удивление, como ya hemos indicado más arriba, es un derivado del verbo *удивить* "sorprender, asombrar" y es parte del nido de derivación del sustantivo *диво*. Al mismo tiempo, dentro de dicho nido destacan solo tres sustantivos: *диво* "*coloq.* lo que causa sorpresa, maravilla" (Diccionario de Ozhegov), *удивление, удивительность* – sustantivo abstracto de *удивительный* "que causa sorpresa, extraordinario", "extraordinario por sus propiedades, cualidades", "magnífico, sorprendente, muy bueno" (Diccionario de Efremova). De este modo, en la lengua rusa moderna *диво* denota un objeto que causa sorpresa, mientras que *удивление*, pasa a ser un estado o una emoción que vive una persona. Según datos del Diccionario de Frecuencias, *диво* se aparece con una frecuencia casi 14 veces menor que *удивление*, y el sustantivo *удивительность* "cualidad de asombrar, sorprender" no se usa. Sin embargo, en los materiales del Corpus nacional *удивительность* consta:

"Но вот сам мозг, при всей его потрясающей *удивительности*, всё ж несовершенен / Pero el cerebro mismo, con toda su capacidad de asombrar, aun así no es perfecto", "Храбрая женщина, до *удивительности* похорошевшая, остановилась у зеркала, повела обнажёнными плечами, потрогала волосы на затылке и изогнулась, стараясь заглянуть себе за спину / La valiente mujer, asombrosamente embellecida, se paró frente el espejo, movió los hombros desnudos, tocó el pelo en su nuca y se torció intentando echar una mirada detrás de su espalda", etc. (Corpus nacional).

Tomando en consideración todos los factores mencionados, resultan posibles las correlaciones semánticas arriba indicadas.

Según datos del Diccionario de formación de palabras de Tikhonov el nido moderno de derivación del sustantivo *диво* incluye 29 derivados. Hemos incluido las palabras en dos grupos – microcampos considerando el significado derivativo, y hemos analizado los cambios que han tenido lugar en el contenido de los microcampos desde principios del siglo XVIII.

A. El microcampo *действие* "*acción*", según datos de los diccionarios de los siglos XVIII – principios del siglo XIX, está representado por los sustantivos derivados *удивление* y *дивство* "*desus.* maravilla", así como los siguientes verbos: *дивить* "sorprender, maravillar", *дивовать* "*coloq.* lo mismo que asombrarse, sorprenderse", *подивить* "*desus.* enojarse", *удивить – удивлять* "provocar sorpresa; sorprender con su singularidad; maravillar", *преудивить - преудивлять* "sorprender mucho, causar una gran sorpresa", *удивиться - удивляться* "asombrarse, sorprenderse; impresionarse con la singularidad de algo; maravillarse", *дивиться* "asombrarse, sorprenderse", *дивоваться* "lo mismo que *дивиться*", *надивиться* "gozar asombrándose de algo", *подивиться* "asombrarse, sorprenderse durante cierto tiempo", *раздивиться* "*coloq.* задивиться", *задивоваться* "*coloq.* empezar a asombrarse", *подивоваться* "sorprenderse, asombrarse durante cierto tiempo" (DAR). La proximidad de significados de los verbos *дивить* y *удивить* – *удивлять*; *подивиться* y *подивоваться*, al igual que *дивиться*, *дивоваться* y *удивиться* – *удивляться* ha creado las condiciones para una reducción posterior del grupo de verbos de este microcampo.

Los sustantivos derivados que pertenecen a este grupo se forman como regla mediante el sufijo *-ніj-* (*-нуj-* moderno) que resulta ser el más productivo al expresarse el significado derivativo de una acción abstracta (Sandutsa, 2017). En el Diccionario de Dal y en los materiales del Corpus nacional, además de *удивление* encontramos el sustantivo *дивование* "sorpresa prolongada, acción de mirar algo con sorpresa" (Diccionario de Dal):

> "Обеими руками своими, отлитыми на *дивование*, берет она руку молодого врача, прижимает ее к груди и, обращая к небу черноогненные глаза, из которых выступили слезы, благодарит ими сильнее слов / Con ambas manos, sorprendentemente bonitas, toma la mano del joven médico, la aprieta contra su pecho y elevando al cielo sus ojos de fuego negro de los que brotan lágrimas agradece con ellas más que con las palabras", etc. (Corpus nacional).

El sustantivo *дивство*, que quedó en desuso ya en los siglos XVIII-XIX, no consta en los materiales del Corpus nacional.

Por lo general, los verbos derivados reflejan en su semántica una acción dirigida hacia el propio agente *(удивиться – удивляться, дивоваться, дивиться)*, al igual que la intensidad y el período de acción *(надивиться, подивиться, раздивиться, задивиться, задивоваться, подивоваться)*. Compárese:

> "Он *дивился* не менее моего нечаянности сего случая, и рад был неведомо как, что я так скоро сим делом спроворил / Se sorprendía no menos que yo de la casualidad de este suceso y estaba contento no sabía cómo con que yo hubiera arreglado aquel asunto tan rápido", "Я не мог *надивиться*, как решился на кляче вовсе ненадежной, вопреки сродной мне боязни, скакать во весь дух под гору, да еще и погонять ее хлыстом / No podía dejar de sorprenderme de haber decidido ir, contra todo mi miedo, a un jamelgo inseguro a toda prisa monte abajo, arreándolo con cuero", "Он просидел у меня вплоть до вечера… и, *подивитесь*, скука разогнала несколько мою грусть, — сбылася со мною сей день пословица Русская: выбивать клин клином / Estuvo en mi casa hasta la noche… y, asómbrense, el aburrimiento expulsó mi tristeza y se me cumplió aquel día el refrán ruso: el fuego se combate con fuego", etc. (Corpus nacional).

Desafortunadamente, en los materiales del Corpus nacional de la lengua rusa no constan *дивоваться* "sorprenderse" ni sus derivados, aunque en el Diccionario de Dal encontramos todo un grupo de derivados: *вздивиться, задивиться, надивиться, подивиться, дивоваться, сдивоваться*.

De este modo, vemos una amplia gama de verbos con prefijos que marcan el inicio, la intensidad, la duración y el resultado de una acción. Sin embargo, en realidad sólo algunos de estos verbos se emplean en la lengua rusa moderna. Esto se debe a la peculiaridad de esta emoción que es considerada como transitoria, capaz de transformarse después en otro estado. Cabe notar que este carácter *transitorio, cambiante, fluido* es un rasgo peculiar de las emociones básicas, pero en el caso de *удивление*, probablemente, es su rasgo fundamental. Gracias a su fugacidad, la capacidad de expresar la presencia de una acción y su resultado se convierte en la más importante, lo que se reflejará en la subsistencia de los pares aspectuales de los verbos.

En la lengua rusa moderna el microcampo *действие "acción"*, según datos del Diccionario de Tikhonov, además del sustantivo *удивление "sorpresa"*, está representado solo por verbos. De ellos son frecuentes solo *дивиться* "sorprenderse ante alguien o algo; *coloquial* mirar con admiración, sorpresa", *подивиться* "*coloquial* experimentar cierta sorpresa ante alguien o algo", *удивить – удивлять* "sorprender, asombrar, impresionar", *удивиться – удивляться* "quedarse sorprendido, sorprenderse, impresionarse ante algo" (Diccionario de Ushakov). Por ejemplo:

> "Минуты две сидела домработница, *дивясь* такому явлению, пока, наконец, из потолка не пошел настоящий дождь и не застучал по полу / Esto la dejó inmovilizada de sorpresa, hasta que del techo empezó a caer una verdadera lluvia que golpeaba en el suelo", "У меня были свои сомнения на этот счет, но я, естественно, промолчал и только *подивился* про себя, насколько мы, жители небольшого, в сущности, городка, плохо знаем друг друга / Yo tenía mis propias sospechas sobre ese asunto, pero naturalmente callé y no pude dejar de sorprenderme de lo mal que nos conocemos entre nosotros los residentes de pueblos chicos", "Андрея речь дяди Юры несколько *удивила*, и он решил, что у Юрия Константиновича жизнь, видимо, сложилась особенно тяжело… / El discurso del tío Yura había sorprendido a Andrei en cierta medida, y llegó a la conclusión de que la vida había sido particularmente dura para Yuri Konstantinovich", "Услыхав свою фамилию, Андрей *удивился*, но тут же оттолкнулся от стены и неторопливо пошел к телеге / Al oír su apellido, Andrei se sorprendió, pero al momento se despegó de la pared y echó a andar sin prisa hacia el carretón", etc. (Corpus nacional).

Ninguno de los demás verbos indicados en el Diccionario de Tikhonov constan en el Diccionario de Frecuencias, aunque se encuentran, según los datos del Corpus nacional, en obras del siglo XIX o en casos aislados del siglo XX. Estos verbos tienen importantes limitaciones estilísticas: *дивоваться* está marcado como *en desuso, coloquial, local*, *надивить* — *coloquial*, *надивиться* — *coloquial*, *надивоваться* — *coloquial*, *подивить* — *en desuso* y *coloquial*. El verbo *подивоваться* no aparece en los diccionarios modernos. Son limitados en su uso los verbos *дивиться* y *подивиться*, ya que tienen un matiz *coloquial* e *informal*.

De este modo, observamos una reducción considerable del número real de derivados de este microcampo, una evidente limitación estilística y una peculiar simplificación de su estructura, lo que al final se reduce a la expresión de la siguiente semántica: "experimentar o estar experimentando una emoción o un estado", "llegar a esta emoción o este estado".

B. Una tendencia similar a reducir el número de derivados se observa en el microcampo *признак, качество "rasgo, cualidad"* que, según los diccionarios del siglo XVIII, también estaba representado por un grupo de palabras más amplio: *удивленный* "llevado hasta la sorpresa con algo, asombrado", *дивный* "maravilloso, extraordinario, que despierta sorpresa en alguien", *удивительный* "maravilloso, que despierta sorpresa"; también figuran en los diccionarios *преудивительный* "muy sorprendente", *предивный* "maravilloso", *удивительность* "cualidad de sorprendente" (DAR). Entre los adverbios derivados figuran: *удивительно* "sorprendentemente", *дивно* "maravillosamente", *предивно* "maravillosamente" (DAR). En el Diccionario de Dal consta *дивность* "maravilla, prodigio, como propiedad o cualidad". Esta palabra se encuentra en los materiales del Corpus nacional de la lengua rusa:

> "О, смертный! воззри на свою телесность! ты еси земля, прах, сложение стихий, коего *дивность* толика же в камени, как и в тебе! / ¡Oh, mortal! ¡mira tu corporalidad! ¡tú eres tierra, polvo, una suma de elementos cuya maravilla está tanto en la piedra como en ti!", "А затем, рассмотря, нечто от натуральных *дивностей* Академии сообсчить не оставлю / Y luego, al mirar bien, no dejaré de hablar de las maravillas naturales de la Academia", etc. (Corpus nacional).

Es importante destacar las siguientes peculiaridades: la falta de palabras formadas mediante la composición (un método productivo de formación de palabras de aquel período) y mediante el prefijo *без-* inicial; la frecuencia de derivados con el prefijo *пре-*. Esto último se explica con la especial productividad que tuvo este prefijo en el siglo XVIII (Ariskina, 2011). Por ejemplo:

> "У него честное сердце, да нрав *преудивительный* / Tiene corazón sincero y carácter muy sorprendente", "Хозяйка моя очень добрая женщина, сама слабая здоровьем и все лекарства знаеть: поить меня мятнымъ чаемъ; даеть капли в воде и на сахаре; столъ всякий день не жирный, но превкусный; вина отменно хорошия; чистота в доме *преудивительная*" / Mi ama es una mujer muy buena, siendo ella misma de salud muy débil conoce todas las medicinas: me prepara una infusión de menta; me da gotas de agua y azúcar; las dietas de todos los días no tienen grasa pero son muy ricas; los vinos son excelentes; la limpieza en casa es muy sorprendente", "При захождении солнечном сидел Кидал на вершине оной и смотрел в пространное море, как пресветлый оживотворитель дышущих и цветущих душ и око всех планет с *предивной* высоты опускался в объятия морской богини / Al ponerse el sol estaba sentado Kidal en aquella montaña y miraba hacia el extenso mar como el clarísimo reanimador de almas que respiran y florecen y ojo de todos los planetas desde una maravillosa altura bajaba a los abrazos de la diosa marina", etc. (Corpus nacional).

En la lengua rusa moderna este microcampo está representado por los siguientes derivados: *дивный* "*en desuso* sorprendente", "*coloquial* hermoso, admirable", *удивительный* "que causa sorpresa, extraordinario"; "excepcional", *неудивительный* "que no causa sorpresa, ordinario", *удивленный* "relacionado con la sorpresa", "que expresa sorpresa"

(Diccionario de Ozhegov, Diccionario de Ushakov); al igual que con los adverbios correspondientes: *дивно* "maravillosamente", *удивительно* "sorprendentemente", *удивленно* "con sorpresa", *неудивительно* "sin sorprender".

Los derivados *предивно* "maravillosamente", *предивный* "maravilloso", *удивительность* "cualidad de sorprendente" no figuran en el Diccionario de Frecuencias, aunque se encuentran raras veces en los materiales del Corpus nacional, lo que se explica por no ser productivo este modelo de formación de palabras en la lengua rusa moderna. Es curioso que el significado derivativo de "falta de rasgo", que es típico para el microcampo *признак, качество* "rasgo, cualidad" de otros conceptos emocionales, sea sustituido por "negación de rasgo" expresado en derivados por medio de *не-* inicial.

De este modo, observamos por un lado una reducción evidente del número de palabras de este microcampo por la pérdida de palabras desusadas y, por otro lado, la aparición de nuevos derivados que expresan una negación de este rasgo o cualidad, lo que resulta lógico ya que algo similar tiene lugar también en la estructura de los campos de derivación de otros conceptos emocionales.

Los sinónimos de este sustantivo son *изумление* que denota "sorpresa extrema" y *ошеломление* "estado literario del que está atónito". Su diferencia es semántica y estilística. Así, *изумление* y *ошеломление* expresan un impacto y una impresión más fuertes causados por algo. Por ejemplo:

> "Мне очень трудно передать полностью свои ощущения от всего этого разговора, но это было чувство какого-то совершенно неподвижного, безмолвного и даже просто тупого *удивления*, пожалуй, даже *ошеломления* всем тем, что происходит / Me resulta muy difícil transmitir por completo mis impresiones de toda esta conversación, pero era una sensación de una sorpresa totalmente inmóvil, callada e incluso simplemente torpe, hasta sería un aturdimiento provocado por todo lo que pasaba", "Удивление иностранца превратилось в настоящее *изумление*, когда он узнал, что Бутурлин никогда не бывал в Париже, а все это знал так лишь, из книг / La sorpresa del extranjero se convirtió en todo un asombro cuando supo que Buturlin nunca había estado en París y lo sabía todo solamente de los libros", etc. (Corpus nacional).

Es posible que esta diferenciación semántica de los sinónimos esté relacionada con su base etimológica, ya que la palabra *удивление* por su origen está relacionada con el verbo protoeslavo *дивиться* "mirar" (Diccionario de Shansky), la palabra *изумление* "sorpresa extrema" a su vez se forma a partir del verbo *изумить*, cuyo equivalente en eslavo antiguo es *изоумити* "enloquecer, volver loco" formado a base de la combinación de palabras "salir de la razón", que significa "volverse loco; ponerse loco" (Savinova 2011, p. 11). El sustantivo *ошеломление* se forma a partir del verbo *ошеломить* que significaba "en una batalla dar un golpe con el yelmo; tales golpes naturalmente causaban un estado próximo al desmayo, a la pérdida de conciencia" (Diccionario de Uspensky).

Los nidos de derivación de sinónimos no son numerosos ni similares en estructura. En cada uno de ellos también destacan el microcampo *действие* "acción": *изумиться – изумляться* "experimentar una sorpresa extrema", *ошеломлять* "dejar a alguien atónito", *изумление* "sorpresa extrema", *ошеломление* "aturdimiento"; el microcampo *признак, качество "rasgo, cualidad"*: *изумленный* "muy sorprendido", *изумительный* "que causa una sorpresa extrema", *ошеломляющий* "que causa aturdimiento", *ошеломленный* "aturdido, atónito", *ошеломительный* "que provoca aturdimiento", *ошеломленность* "estado de aturdido, atónito", *ошеломительность* "cualidad de causar aturdimiento", *изумленно* "con una gran sorpresa", *изумительно* "muy asombrosamente", *ошеломляюще* "que deja atónito", *ошеломленно* "atónito, muy asombrado", *ошеломительно* "que causa aturdimiento". Observemos que en el nido de derivación faltan derivados que expresan matices de tiempo y de intensidad de una acción. Además, el microcampo de rasgo es el más numeroso, pero al mismo tiempo se observa una clara relación derivativa con el verbo – base léxica.

En conclusión, cabe señalar que en la estructura del campo de derivación del concepto emocional *удивление* destacan los dos microcampos *действие "acción"* y *признак, качество "rasgo, cualidad"*, lo que está condicionado por la relevancia de sus rasgos cognitivos relacionados con la expresión de movimiento y de su carácter. Otros microcampos no han tenido un debido desarrollo derivativo, lo que resulta lógico para un campo de derivación de un concepto emocional. En general, se puede ver una reducción en el número de derivados. La causa se debe, por un lado, a una tendencia a lo universal y a cierta simplificación en la percepción del estado emocional, lo que al final se reduce a la expresión de los siguientes componentes: "experimentar o estar experimentando una emoción o estado", "llegar el sujeto mismo a esta emoción o estado". En la lengua rusa moderna los más usados son los derivados que tienen un significado más generalizado. Por otro lado, la reducción del número de palabras usadas puede estar relacionada con el desarrollo de una interacción compleja con sinónimos – miembros de otros nidos de derivación en los que el más representado es el microcampo *признак, качество "rasgo, cualidad"*.

6. CAMPO DE DERIVACIÓN DEL CONCEPTO *ПЕЧАЛЬ* "TRISTEZA" EN LA LENGUA RUSA

El concepto de *печаль* "tristeza" pertenece al grupo de los conceptos emocionales básicos (Tracy, 2011), que son un componente importante de la representación del mundo en el lenguaje emocional. Se distinguen por sus características emotivas, valorativas y evaluativas (Volostnykh, 2007). En los diccionarios de la lengua rusa la palabra *печаль* figura con el significado de "sentimiento de tristeza, duelo, estado de amargura de alma", "expresión externa de este sentimiento"; "lo que entristece; acontecimiento, circunstancia, etc. que provoca un sentimiento de tristeza y duelo"; *coloq.* "preocupación, inquietud y lo que las causa" (Diccionario de Efremova). Etimológicamente la palabra *печаль* hace referencia al léxico eslavo común y está formada por el sustantivo *печа —* "preocupación" y un sufijo. La palabra *пека*, que no se usa en la lengua moderna, significaba "calor, bochorno" (Krylova, 2005). En el Diccionario de Shansky se indica que este sustantivo es un derivado con la misma base léxica que el verbo *грудити* "roer, atormentar" y está relacionado con el verbo *гореть* "arder". Probablemente significaba "algo que quema" (Diccionario de Shansky).

En la visión lingüística rusa del mundo *печаль* se caracteriza más bien por ser como una emoción negativa y en la representación de este concepto las definiciones más importantes son: *чувство* "sentimiento", *грусть* "tristeza", *тоска* "melancolía" y *скорбь* "duelo". El análisis demuestra que las posiciones más importantes en el proceso de verbalización serán *получать* "recibir", *вызывать* "causar", *выражать* "expresar" y *преодолевать печаль* "superar la tristeza", al igual que *выражать печаль* "expresar tristeza", incluso *двигаясь* "moviéndose" y *говоря* "hablando". A menudo, *печаль* se refleja en la mirada y se entiende como algo que tiene dimensión y tiempo. Además, *печаль*, como ocurre en la vida, puede aparecer y desaparecer, así como cambiar. Con el significado de "preocupación, pena", la palabra *печаль* pasa prácticamente desapercibida en el ruso moderno.

Este sustantivo forma parte de una gran serie de sinónimos que incluye: *горе* "pena", *горесть* "aflicción", *грусть* "tristeza", *кручина* "aflicción", *отчаяние* "desesperación", *скорбь* "duelo", *прискорбие* "lamento", *скука* "aburrimiento", *томление* "angustia", *тоска* "melancolía", *траур* "luto", *уныние* "desánimo", *сокрушение* "abatimiento", *ипохондрия* "hipocondría", *меланхолия* "melancolía", *соболезнование* "condolencia", *сожаление* "lástima", *боль* "dolor", *горечь* "amargura" (Diccionario de Alexandrova). Dichas palabras se distinguen por su semántica: *скорбь* – "tristeza extrema, amargura, sufrimiento (*estilo elevado*)", *скука* – "angustia por la falta de ocupación o interés hacia lo que rodea", "falta de alegría, entretenimiento (coloquial)", *грусть* – "sentimiento de tristeza, desánimo", *отчаяние* – "estado de extrema desesperación, sentimiento de desolación", *горе* – "duelo, tristeza profunda", "percance", *тоска* – "ansiedad de alma, desánimo", "aburrimiento, (coloquial) algo muy aburrido, no interesante", *сожаление* - "sentimiento de tristeza, aflicción causada por una pérdida, por la comprensión de que es imposible cambiar o llevar a cabo algo" (Diccionario de Ozhegov). Es posible que entre todos los sinónimos indicados *печаль* sea el menos definido e incluya distintas nociones de significados afines. Entre estos sinónimos los más usados son: *скорбь, скука, грусть, отчаяние, горе, тоска, сожаление* (Diccionario de Frecuencias).

El nido de derivación moderno del que forma parte el sustantivo *печаль* incluye siete derivados, de los cuales el 29 % expresan un atributo y el 71 % una acción. Examinemos cómo ha cambiado la proporción de los derivados según los diccionarios históricos.

El sustantivo *печаль* en la lengua del siglo XVIII – principios del siglo XIX se empleaba con los siguientes significados: "esfuerzo del corazón, aflicción, duelo del alma causados por un hecho o circunstancia desagradables en el presente o en el futuro, oposición a la palabra alegría", "*antiguamente* preocupación, cuidado" (DLEER). Por ejemplo:

> "Можно себе представить удивление и *печаль* всех его родных, а особливо матери, любившей его с великою горячностью, расставание их было тяжкое и слезное / Podemos imaginar la sorpresa y la tristeza de todos sus familiares, y sobre todo de su madre, que le quería con una pasión ardiente, cuya despedida fue penosa y con lágrimas", "Год сей

ознаменовался в доме нашем *печалью* / Aquel año estuvo marcado por el duelo en nuestra casa", "…только ты, наш князь Фридор, будешь иметь много *печали* о нем" /…solo tú, nuestro príncipe Fridor, estarás muy apenado por él", "Наконец вздумал он от Магомета-паши *в печали* о своем отечестве России, христианской вере, жене и малолетних троих детях, незабвенно в сердце его обращавшихся, бежать в Россию" / Por fin, pensando entristecido en su patria Rusia, en su fe cristiana, en su mujer y en sus tres hijos menores que siempre estaban en su corazón, decidió huir de Mahomet-pachá a Rusia", etc. (Corpus nacional).

Como hemos señalado anteriormente, vamos a considerar los derivados relacionados semánticamente con la primera acepción.

A. En este caso, el microcampo *действие "acción"*, según los datos de diccionarios del siglo XVIII – principios del siglo XIX, está representado por los siguientes derivados: *печалить - опечалить* "causar tristeza a alguien", *печалиться* "afligirse, sentir tristeza", *запечалиться* "empezar a afligirse", *опечаливаться* "ponerse triste", *попечалиться* "estar triste algún tiempo, estar algo triste", *опечаление* "acción de causar tristeza". Por ejemplo:

> "Она *печалилась* и чуть не плакала, слыша, как принц или принцесса, гонимые злым волшебником, беспрестанно разлучаются и не могут наслаждаться своею любовию беспрепятственно / Ella se afligió y estuvo a punto de llorar al escuchar que un príncipe o una princesa perseguidos por un mago malvado siempre se separaban y no podían gozar libremente de su amor", "Замечаю и чувствую вашего сиятельства негодование, но это только меня *печалит*, а помоги не делает… / Noto y siento la indignación de Vuestra Excelencia, pero esto solo me entristece y no me ayuda…", "Иван-богатырь больше прежнего *запечалился* и не знал, что делать / Ivan el Bogatir se puso aún más triste y no sabía qué hacer", "Крайне *опечаливает* меня, что по убедительному моему прошению не имею счастья в снабжении меня письмоводцами, каких я требовал… / Me entristece mucho no haber tenido la suerte, después de mi persuasiva petición, de que se me suministraran los escribanos que he exigido…", "Народ *опечалился*; сиротствуя без главы, желал иметь князем хотя брата Георгиева; забыл свою прежнюю, отчасти справедливую ненависть к Ярославу-Феодору и принял его с живейшими знаками удовольствия: ибо надеялся, что он будет грозою внешних неприятелей / El pueblo se afligió, huérfano sin gobernante, deseó tener de príncipe aunque fuera al hermano de Georgui; olvidó su antiguo, y en parte justo, odio hacia Yaroslav-Feodor y le recibió con señales vivas de agrado, ya que esperaba que fuera una amenaza para los enemigos externos", etc. (Corpus nacional).

Analizando la naturaleza de los derivados, los datos del Corpus nacional y las fuentes lexicográficas, podemos observar la gran frecuencia a la hora de marcar el tiempo de la acción (inicio de la acción, periodo de la acción, resultado como fin de la acción), así como la dirección del proceso hacia sí mismo.

Al examinar los derivados verbales que componen el nido derivativo moderno, podemos señalar el mantenimiento del rasgo anteriormente señalado: la importancia aparente de dos factores. Por un lado, el reflejo del estado interno y, por otro lado, del tiempo, ya que en el nido de derivación se observan verbos que forman pares aspectuales (por ejemplo, *печалить – опечалить* "entristecer: imperfectivo – perfectivo", *печалиться – опечалиться* "entristecerse: imperfectivo – perfectivo") o que denotan el inicio de una acción (por ejemplo, *печалиться* "entristecerse" – *запечалиться* "empezar a entriste-cerse"), una acción temporal (*печалиться* "estar triste" – *попечалиться* "estar triste algún tiempo"). Esta tendencia a representar estos atributos cognitivos del concepto *печаль* se refleja en la combinación especial del sustantivo *печаль* con los verbos que denotan el comienzo y el final de una acción, ya que se puede *впасть в печаль* "caer en la tristeza", *вызвать печаль* "causar tristeza", *предаваться печали* "entregarse a la tristeza", etc., *o utolить* "calmar", *прервать* "interrumpir", *разогнать* "disipar", *утопить* "ahogar", etc. Puede *входить* "entrar", *охватывать* "alcanzar", *наваливаться* "caer encima", *исчезать* "desaparecer", *спать* "dormir", *утихать* "apaciguarse", etc. Además, cabe destacar, en primer lugar, la no utilización del posible sustantivo deverbal *опечаловение* "proceso de causar tristeza", que, en nuestra opinión, se debe a la imposibilidad de expresar la temporalidad de la acción y a la posible homonimia con los derivados del verbo en el sentido de "pedir, preocuparse".

En segundo lugar, vemos la típica interacción de los modos de formación postfijal y prefijal, lo que demuestra una vez más que los vínculos derivativos entre los derivados del mismo nido, presentes en la mente de un hablante nativo, contribuyen a que el nivel de formación de las palabras derivadas no tenga una importancia fundamental.

B. El microcampo *признак, качество* "rasgo, cualidad" está representado en dic-cionarios históricos por los siguientes adjetivos y participios derivados: *печальный*/triste "que siente tristeza"; "que causa tristeza, que no es alegre", *опечаленный* "participio de entristecer", *безпечальный* "que no siente tristeza"; *безпечалие* y *безпечальство* "falta de tristeza"; *печально* "sintiendo tristeza", *беспечально* "sin sentir tristeza" (DAR). Llama la atención la presencia de antónimos derivativos que expresan presencia o falta de *печаль*:

> "Замечаю и чувствую вашего сиятельства негодование, но это только меня *печалит*, а помоги не делает… / Noto y siento la indignación de Vuestra Excelencia, pero esto solo me entristece y no me ayuda…", "*Беспечальный* и спокойный ум возбуждает и содержит также всегда ровное и умеренное движение в жизненных духах, и ежели они в таком состоянии находятся, то бьется также и сердце тихо и порядочно, кровь движется кругом очень изрядно и человек бывает здрав / Una mente calmada y tranquila excita y contiene también siempre un movimiento suave y moderado en los espíritus de la vida y, si están en este estado, entonces el corazón también late tranquila y decentemente, la sangre se mueve adecuadamente y el hombre tiene buena salud", etc. (Corpus nacional).

Nótese que los adjetivos y sustantivos anteriores que contienen el prefijo *без-* no son muy utilizados en la actualidad.

En el nido de derivación moderno observamos solo dos derivados en este micro-campo: *печальный* "lleno de tristeza, que causa tristeza, triste; que causa lástima, digno de lástima; en algunas combinaciones, malo, censurable" (Diccionario de Ushakov, Diccionario de Ozhegov) y el adverbio correspondiente *печально* "tristemente, con tristeza". Esto demuestra que se ha perdido la importancia de denotar el rasgo contra-rio por medios derivativos, al igual que se revela una tendencia general a reducir el número de derivados. El significado de la intensidad en este caso se expresa junto con los adjetivos correspondientes. Por ejemplo: el fuerte grado de tristeza se expresa por medio de los adjetivos *безмерная* "inmensa", *безысходная* "sin escapatoria", *бесконечная* "infinita", *великая* "grande", *глубокая* "profunda", *беспросветная* "oscura", *вековая* "secular", *повсеместная* "total", *неумеренная* "desmesurada", etc.; el grado débil se expresa mediante *легкая* "ligera", *мимолетная* "instantánea", *затаенная* "escondida", *некоторая* "alguna", *нестоящая* "que no vale", *тихая* "apacible", *скрытая* "oculta", etc.

Los nidos derivativos que comprenden los sustantivos-sinónimos más frecuentes (*грусть, отчаяние, горе, тоска, сожаление*) son similares en cuanto a estructura y contenido semántico, pero tienen un número significativamente mayor de derivados o un número significativamente menor (observar Diagrama 3 "Distribución de palabras derivadas en microcampos de sinónimos"). Por regla general, los microcampos de acción y de rasgo y cualidad están en la zona central, mientras que el microcampo facial está en la periferia.

El microcampo *действие "acción"* está representado por un número mucho mayor de verbos derivados (a menudo poco usados) que expresan distintos matices semánticos:

- resultado de una acción: *пригорюниться* "apenarse", *погрустнеть* "entristecerse"*, etc.
- inicio de una acción: *загрустить* "ponerse triste", *взгрустнуть* "entristecerse", *загорюниться* "empezar a sentir pena", *затосковать* "empezar a sentir melancolía", etc.
- intensidad de una acción: *натосковаться* "sufrir mucha melancolía", *нагруститься* "entristecerse mucho", *нагореваться* "apenarse hasta cierto límite", *разгореваться* "apenarse mucho", *изгореваться* "apenarse mucho", *истосковаться* "sufrir mucha melancolía", etc.
- acción temporal: *погрустить* "estar triste algún tiempo", *погоревать* "estar apenado algún tiempo", *потосковать* "estar melancólico algún tiempo", *прогрустить* "estar triste algún tiempo", *протосковать* "estar melancólico algún tiempo", *прогоревать* "estar apenado algún tiempo", etc.
- poca intensidad de una acción: *сгрустнуть* "entristecerse un poco", etc.
- fin de una acción: "*отгоревать*/dejar de estar apenado", *отгрустить* "dejar de estar triste", *перегрустить* "sobrevivir a una tristeza", etc.

Muchos verbos también sirven de bases léxicas para verbos con sufijos: *вгрустнуться* "ponerse triste", *встосковаться* "ponerse melancólico", *груститься* "entristecerse", *загруститься* "entristecerse", etc. Algunos sinónimos no tienen derivados en otros microcampos.

El microcampo *признак, качество "rasgo, cualidad"* está representado por adjetivos, adverbios y sustantivos. Llama la atención el número considerablemente mayor de formaciones subjetivo-apreciativas o derivados que reflejan algún grado de manifestación de rasgo: *грустинка* "leve tristeza, aflicción", *горюшко* "*coloquial, cariñoso* penita", *тощища* "*aumentativo* melancolía", *прегрустный* "muy triste", *прегрустно* "con mucha tristeza", *грустновато* "*coloquial, diminutivo* tristemente", грустненько – грустнешенько

93

– *грустнехонько* "*coloquial, cariñoso* tristemente" y otros. Entre los sinónimos con sufijo podemos destacar *тоска – тоскливость* "melancolía", *горе – горесть* "pena". En general, se puede decir que, tomando en consideración los derivados de los sustantivos-sinónimos, este microcampo refleja la intensidad de manifestación de un rasgo y cualidad.

Diagrama 3

Distribución (%) de palabras derivadas en
microcampos de sinónimos

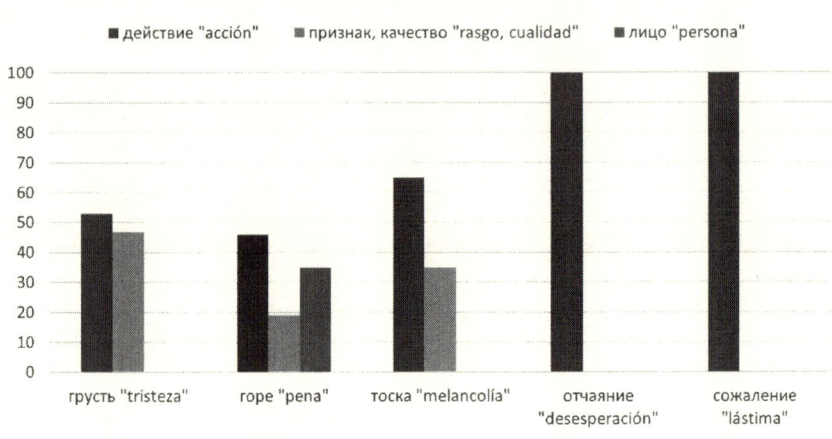

El microcampo *лицо "persona"* está representado por sustantivos coloquiales formados a partir de la palabra *горе* "pena". Al mismo tiempo, observamos un número importante de palabras compuestas: *горе-богатырь* "mal bogatir", *горе-охотник* "mal cazador", *горе-писатель* "mal escritor", *горе-руководитель* "mal jefe", *горе-рыбак* "mal pescador", *горе-рыболов* "mal pescador", *горе-хозяйственник* "mal economista" al igual que *горемыка* "pobre diablo". Además, precisamente en este caso observamos tales derivados como *горюн* "pobre hombre, *regional* pobre diablo", *горюнья - горюха - горюша* "persona de género femenino de *горюн*", *горюнок* "diminutivo de *горюн*", *горюшка - горюшица* "diminutivo de *горюша*". La presencia de derivados similares de este sustantivo se debe más bien a su frecuencia, su carácter estilístico neutral y una histórica base eslava común. Desde el punto de vista semántico *горе* y *печаль* eran muy afines, ya que la primera palabra también significaba algo "que quema, atormenta" (Diccionario de Krylova). Precisamente en este caso vemos un ejemplo de una "especificación" derivativa cuando un microcampo tiene su desarrollo derivativo dentro del nido de derivación de uno de los sinónimos que se usan activamente.

Así pues, en el ruso contemporáneo, los microcampos más importantes y desarrollados en la estructura del campo de derivación del concepto *печаль*, así como en otros casos, son *действие "acción"* y *признак, качество "rasgo, cualidad"* lo que refleja la importancia de estos rasgos cognitivos. Analizando los derivados verbales observamos un amplio uso de los prefijos *вс-(вз-)* y *за-* (inicio de una acción), *на-* y *рас-* (intensidad de una acción), *по-* (acción que dura un determinado tiempo), al igual que el sufijo de verbos imperfectivos *-ива-* y el sufijo *–ся*. Podemos observar que la representación de un concepto puede reflejarse en múltiples paradigmas de formación de palabras que suman más de nueve unidades. Esto excede el alcance de la memoria humana y, por lo tanto, requiere actos de habla adicionales en el proceso de generación del discurso y la elección del término en cada acto de habla particular. En nuestra opinión, es significativo que no existan derivados estilísticamente neutros con el significado de persona. Sin embargo, la formación de sustantivos con sufijos diminutivos afectivos es bastante lógica, ya que es necesaria una expresión del grado o la fuerza de la emoción. El microcampo *лицо "persona"* se encuentra en la periferia del campo.

El análisis del desarrollo histórico del campo de derivación del sustantivo que denomina un concepto ha demostrado que, por un lado, el número de sus derivados está disminuyendo y, por otro, que, gracias a la interacción en el nivel de formación de palabras, sigue siendo posible expresar otros rasgos cognitivos significativos: intensidad, acción, etc.

7. CONCLUSIONES

La formación de palabras juega un papel ingente en la construcción de la visión lingüística rusa del mundo siendo un instrumento importantísimo de su representación. A través de una palabra derivada podemos empezar a estudiar los procesos cognoscitivos, la percepción y el pensamiento de una persona y su visión del mundo, ya que precisamente en la forma interna del derivado se reflejan los procesos de la percepción del mundo que tiene un mismo pueblo y los modos de apreciación de la realidad extralingüística, es decir, los resultados de conceptualización del mundo.

El campo de derivación de un concepto es un sistema ordenado de significados derivativos categoriales que reflejan los rasgos cognitivos y se expresan mediante todo un conjunto de medios derivativos. Nuestro estudio ha demostrado que, gracias a los cambios históricos naturales que tienen lugar en una lengua, también cambia la organización de un campo de derivación.

Durante el análisis de campos de derivación de conceptos emocionales se ha llegado a las siguientes conclusiones:

En la lengua rusa moderna los microcampos más importantes y más desarrollados dentro de la estructura del campo de derivación de un concepto emocional que se encuentran en su zona núcleo son los microcampos *действие "acción"* y *признак, качество "rasgo, cualidad"*, lo que refleja la importancia de estos rasgos cognitivos. Dentro del marco de estos microcampos adquiere una relevancia especial la capacidad de denotar la intensidad de una acción o de un rasgo, la presencia o falta de una acción o un rasgo, el tiempo de duración de una acción, así como el cambio emocional interno de una persona. Los microcampos definidos dentro del campo de derivación no tienen límites claros, ya que los tipos derivativos interactúan entre ellos a nivel morfémico y semántico. Como resultado es posible que aparezcan adverbios derivados que denotan un rasgo por acción o sinónimos y antónimos derivativos.

En los nidos de derivación de los sustantivos – nominantes directos del concepto se observa una considerable reducción de número de derivados que se debe, por un lado, a una tendencia a lo universal y a una cierta simplificación en la percepción de un estado emocional. Por otro lado, el análisis de nidos de derivación de sustantivos-sinónimos a menudo demuestra una tendencia contraria: la persistencia de una "variedad" derivativa en la selección de los medios de formación de palabras, lo que conlleva la formación de un número mucho mayor de derivados. Al analizar los verbos con prefijos que se encuentran en los nidos de derivación de sustantivos-sinónimos se observa la posibilidad de formar derivados dentro del marco de casi todo el paradigma derivativo típico del verbo: *вс-(вз-)* y *за-* (inicio de una acción), *на-* y *рас-* (intensidad de una acción), *по-* (acción que dura algún tiempo), *по-* (resultado de una acción), *от-*, *пере-* (fin de una acción), etc. Gracias a ello se consigue un determinado balance, una estabilización y una especie de recompensación en la estructura del campo de derivación de un concepto emocional. De este modo, es en la formación de palabras donde se realiza de la manera más clara la idea de relación de la conciencia con la estructura del idioma.

La interacción de tipos derivativos a nivel morfémico y semántico dentro de un campo de derivación contribuye a que se formen relaciones entre niveles y una motivación mutua cruzada de derivados dentro del marco de este nido de derivación. Así, por ejemplo, los verbos con sufijo pueden convertirse fácilmente en bases léxicas para derivados con prefijo y viceversa. Todo ello no solo contribuye a que se formen relaciones derivativas lineales internas sino que también se manifieste el carácter multidimensional de la estructura de un nido de derivación y, por consiguiente, de un campo de derivación. Esto a su vez lleva a que, a pesar de dejar de usarse algunas palabras que servían de base léxica, las relaciones derivativas no puedan desaparecer.

El análisis del campo de derivación de los conceptos emocionales ha demostrado el carácter universal de los procesos actuales e históricos que se han reflejado en su estructura. Así, los microcampos más importantes y más desarrollados dentro de la estructura del campo de derivación del concepto emocional *страх* son los microcampos de *действие* "acción" y de *признак, качество* "rasgo, cualidad", lo que refleja la importancia de estos rasgos cognitivos. El microcampo de *лицо* "persona" no ha tenido un debido desarrollo derivativo y a menudo se plasma de una manera indefinida, formando derivados en cuya semántica se refleja solo una cierta apariencia humana. Además, no se han detectado tales microcampos como *инструмент* "instrumento", *место* "lugar", etc. De este modo podemos hablar de un parecido tipológico de conceptos del mismo orden a nivel de derivación.

Referencias bibliográficas

ABROSIMOVA, L.S. (1994). *Slovoobrazovatelnoye pole glagolov, proizvodjashhej bazoj kotoryh javljajutsa sushhestvitelnye v sovremennom anglijskom yazyke*. Pyatigorsk. Recuperado de <https://search.rsl.ru/ru/record/0100014 6896?ysclid=l5qhdf06tg397486008>.

ALEKSANDROVA, Z.E (2001). *Slovar sinonimov russkogo yazyka*. Moskva: Russkij yazyk.

ALIFERENKO, N.F. (2002). *Poeticheskaya energiya slova. Sinergetika yazyka, soznaniya i kultury*. Moskva: Academia.

ARISKINA, O.L. (2011). «Sposoby slovoobrazovaniya, zafiksirovannye v russkih grammatikah XVIII veka». En *Izvestiya Rossijskogo gosudarstvennogo pedagogicheskogo universiteta im. A. I. Gercena*, 131, pp. 116-124.

ARSLANBEKOVA, N.E. (2016). «Koncept "Radost'" v yazykovom soznanii britanskogo i russkogo narodov: Istoriko-etimologicheskij aspekt». En *Problemy istorii, filologii, kultury*, 2 (52), pp. 364-371.

ARUTYUNOVA, N.D (1999). *Yazyk i mir cheloveka*. Moskva: Yazyki russkoj kultury.

BABENKO, L.G. (2010). *Konceptosfera russkogo yazyka: klyuchevye koncepty i ih reprezentacii (na materiale leksiki, frazeologii i paremiologii)*. Ekateriburg.

BABINA, L.V. (2003). *Vtorichnaya nominaciya konceptov v yazyke*. Tambov. Recuperado de <https://cheloveknauka.com/vtorichnaya-reprezentatsiya-kontseptov-v-yazyke>.

BABUSHKIN, A.P. (1996). *Tipy konceptov v leksiko-frazeologicheskoj semantike*. Voronezh: Izdatelstvo Voronezhskogo gosudarstvennogo universiteta.

BALALYKINA, E.A.; NIKOLAEV, G.A. (1985). *Russkoye slovoobrazovaniye*. Kazan: Izdatelstvo Kazanskogo gosudarstvennogo universiteta.

BARABANOV, A.Yu. (2011). *Slovoobrazovatelnye gnezda s kornami -kud-/-chud-, kor-/-char- v istorii russkogo yazyka: evoljuciya, konceptualnyj analiz*. Orel. Recuperado de <https://dspace.kpfu.ru/xmlui/bitstream/handle/net/107821/0-790157.pdf?sequence=-1>.

BELAYA, E.N. (2006). «Sposoby yazykovyh i rechevyh reprezentacij emocii "Udivleniye" v russkoj i francuzskoj yazykovyh kartinah mira (na slovarnom i tekstovom materiale)». En *Omskij nauchnyj vestnik*, 6 (42), pp. 246-249.

BOBRIHIN, A.A. (2011). *Konceptualizaciya prostranstva v kulture*. Chelyabinsk. Recuperado de <https://rusneb.ru/catalog/00019 9_000009_004850070/?ysclid=lg595iuu 5v879728952>.

BOCHKAREV, A.E. (2018). «Ob udivlenii kak lingvospecifichnom koncepte russkogo yazyka». En *Vestnik Novosibirskogo gosudarstvennogo universiteta. Seriya: Lingvistika i mezhkulturnaya kommunikaciya*, 16 (2), pp. 90-100.

BOLDYREV, N.N. (2001). «Koncept i znacheniye slova». En *Metodologicheskiye problemy kognitivnoj lingvistiki*. Voronezh. pp. 13-19.

BORISENKOVA, N.M. (2011). «Kognitivnye osnovaniya sistemy slovoobrazovaniya». En *Vestnik Moskovskogo gosudarstvennogo lingvisticheskogo universiteta*, 18, pp. 41-49.

Budyanskaya, O.O. (2007). «Udivleniye: kognitivnaya model emocii». En *Izvestiya Rossijskogo gosudarstvennogo pedagogicheskogo universiteta*, 19 (45). Recuperado de <https://cyberleninka.ru/article/n/udivlenie-kognitivnaya-model-emotsii?ysclid=lg59a6f0vo740184244>.

Buterina, O.V. (2010). «Modelirovaniye koncepta "Les", predstavlennogo v specialnyh nauchnyh tekstah i tekstah enciklopedicheskih slovarej russkoj i nemeckoj lingvokultur». En *Filologicheskiye nauki. Voprosy teorii i praktiki*. 1 (5), pp. 60-62.

Chernykh, P.Ya. (1999). *Istoriko-etimologicheskij slovar sovremennogo russkogo yazyka*: v 2 t. Moskva.

Chesnokova, L.V. (2012). «Skuka, toska, handra: emociya pechali v russkoj kartine mira». En *Kultura. Duhovnost. Obschestvo*, 1, pp. 167-176.

Chezybaeva, N.V. (2011). «Semanticheski sopryazhennye koncepty strah i besstrashie». En *Vestnik Voronezhskogo gosudarstvennogo universiteta. Seriya: Lingvistika i mezhkulturnaya kommunikaciya*, 1, pp. 113-117.

Cuerpo nacional de lengua rusa (2003-2022). Recuperado de <https://ruscorpora.ru>.

Dal, V.I. (1863). *Tolkovyj slovar zhivago velikorusskogo yazyka*. Recuperado de <https://dic.academic.ru/contents.nsf/enc2p Diccionario de Dal>.

Dyachkova, E.S. (2008). «Formirovaniye slovoobrazovatelnogo pola polusuffiksov v sovremennom anglijskom yazyke». En *Izvestiya Rossijskogo gosudarstvennogo pedagogicheskogo universiteta*. Recuperado de <https://www.elibrary.ru/item.asp?id=12500062&ysclid=l5qiq4jniy175574579>.

Efremova, T.F. (2000). *Novyj tolkovo-slovoobrazovatelnyj slovar russkogo yazyka*. Recuperado de <https://dic.academic.ru/contents.nsf/efremova> Diccionario de Efremova.

Evgenieva, A.P. *Slovar russkogo yazyka* v 4 tomah. Recuperado de <http://enc-dic.com/academic/Udivlenie-67250.html>.

Erofeeva, I.V.; Sheptukhina, E.M. (2016). «Slovoobrazovatelnaya sinonimiya proizvodnyh imen nulevoj suffiksacii i obrazovanij na -(e)nie v drevnerusskom yazyke (na materiale "Povesti vremennyh let")». En *Filologiya i kultura*, 2 (44), p. 75-81.

Fatkhutdinova, V.G.; Krasilnikova, L.V. (2016). «Slovoobrazovatelnaya semantika glagolov povedeniya v russkom yazyke». En *Filologiya i kultura*, 1 (43), pp. 133-139.

Fasmer, M. *Etimologicheskij slovar russkogo yazyka*. Recuperado de <http://dic.academic.ru/dic.nsf/vasmer/48202/%D1%81%D1%82%D1%80%D0%B0%D1%85>.

Fisenko, O.S. (2005). *Koncept groza v russkom yazykovom soznanii*. Voronezh.

Gajdarova, D.G (2011). *Specifika aktualizacii koncepta "gnev" v lezginskoj i russkoj yazykovyh kartinah mira*. Mahachkala.

Gerasimova, I.A. (2006). «Princip dvojstvennosti v kognitivnyh praktikah». En *Voprosy filosofii*, 3, pp. 90–101.

Gómez Vicente, L. (2019). «La expresión de las emociones en la enseñanza del español L1/L2». En I. Ibarretxe-Antunano; T. Cadierno; A. Castaneda Vastro (Ed.), *Lingüística cognitiva y español L1/L2*. Londres. Routledge, pp. 340-370.

Goryanova, L.N. (2010). «Koncept v kognitivnoj lingvistike». En *Aktualnye voprosy sovremennoj nauki,* 16. Recuperado de <https://cyberleninka.ru/article/n/kontsept-v-kognitivnoy-lingvistike?ysclid=l5qimpe1tj501198811>.

Grigoryeva, N.S. (2013). *Slovoobrazovatelnoye i semanticheskoye razvitiye kornya *ver- v istorii russkogo yazyka*. Samara. Recuperado de <https://cheloveknauka.com/slovoobrazovatelnoe-i-semanticheskoe-razvitie-kornya-v-r-v-istorii-russkogo-yazyka>.

Ivanova, I.P. (1981). «O polevoj strukture chastej rechi v anglijskom yazyke». En *Teoriya yazyka, metody ego issledovaniya i prepodavaniya*. Leningrad: Nauka, pp. 78-83.

Izard, K.E. (2000). *Psihologiya emocij*. SPb.: Izd-vo "Piter".

Kalashnikova, L.V. (2008). «Lingvisticheskoye ponimaniye koncepta». En *Filologicheskiye nauki. Voprosy teorii i praktiki*, N.° 1-1(1), pp. 98-100.

Karasik, V.I. (2002). *Yazykovoj krug: lichnost, koncepty, diskurs*. Volgograd: Peremena.

KARASIK, V.I. (2014). «Aksiogennaya situaciya kak edinica cennostnoj kartiny mira». En *Politicheskaya lingvistika*, 1, pp. 65-75.

KAVERINA, O. N. (1992). *Semanticheskoye pole "pogoda" v sovremennom anglijskom yazyke*. Recuperado de <https://cheloveknauka.com/semanticheskoe-pole-pogoda-v-sovremennom-angliyskom-yazyke-na-materiale-suschestvitelnyh>.

KIM, O.M. (1987). «K izucheniyu semanticheskoj struktury slovoobrazovatelnogo gnezda». En *Aktualnye problemy russkogo slovoobrazovaniya*, pp. 76-78.

KIRILINA, A.V. (1999). *Gender: lingvisticheskiye aspekty*. Moskva: In-t sociologii RAN.

KOLESOV, V.V.; KOLESOVA, D.V.; HARITONOV, A.A. (2014). *Slovar russkoj mentalnosti: v 2 t*. SPb.

KONDRATIEVA, O. N. (2006). «Metodika opisaniya konceptov v drevnih tekstah». En *Vestnik Novosibirskogo gosudarstvennogo universiteta. Seriya: Lingvistika i mezhkulturnaya kommunikaciya*, 4 (2), pp. 133-140.

KOPORULINA, V.N.; SMIRNOVA, M.N.; GORDEEVA N.O.; BALABANOVA L.M. (2003). *Psihologicheskij slovar*. Rostov-na-Donu: Feniks.

KOVSHOVA, M.L. (2014). «Yazykovoj "Portret" russkogo udivleniya: leksicheskiye, frazeologicheskiye i poslovichnye sposoby opisaniya». En *Vestnik Novgorodskogo gosudarstvennogo universiteta*, 77, pp. 25-28.

KRASAVSKY, N.A. (2010). «Koncept "radost" v russkoj lingvokulture (na materiale slovarnyh statej i associativnogo slovarya)». En *Izvestiya Volgogradskogo gosudarstvennogo pedagogicheskogo universiteta*, 49 (5), pp. 4-7.

— (2001). *Emocionalnye koncepty v nemeckoj i russkoj lingvokulturah*. Moscu: Peremena.

KRYLOV, Yu.V. (2006). «Status slov "gnev" / "zlost" v semanticheskom pole emocij». En *Sibirskij filologicheskij zhurnal*, 4, pp. 96-99.

KRYLOVA, G.A. (2005). *Etimologicheskij onlain-slovar russkogo yazyka*. Recuperado de <https://lexicography.online/etymology/krylov>.

KUBRYAKOVA, E.S. (1994). «Problemy predstavleniya znanij v yazyke». En *Struktury pred-stavleniya znanij v yazyke*. Moskva: RAN INION, pp. 2-31.

KUBRYAKOVA, E.S. (2006). «Obrazy mira v soznanii cheloveka i slovoobrazovatelnye kategorii kak ih sostavlyayushchie». En *Izvestiya Akademii Nauk*. 2, pp. 3–13.

KUBRYAKOVA, E.C. (1997). «Yazyk prostranstva i prostranstvo yazyka (k postanovke problemy)». En *Izvestiya RAN*, 3, pp. 22-31.

KUDINOVA, E.A. (2008). «Koncept i otrazhenie yazykovoj kartiny mira». En *Almanah sovremennoj nauki i obrazovaniya*, 8 (1), pp. 106-107.

KUZNECOV, S.A. (1998). *Bolshoj tolkovyj slovar russkogo yazyka*. SPb.: Norint. Recuperado de <http://enc-dic.com/kuzhecov/Udivlenie-74423.html>.

KRYUCHKOVA, N.V. (2005). *Lingvokulturnoye varirovaniye konceptov*. Saratov: Nauchaya kniga.

KYRTEPE, A.M. (2010). *Makroedinicy slovoobrazovaniya kak formy yazykovoj objektivacii koncepta (na materiale slovoobrazovatelnyh gnezd i slovoobrazovatelnoj kategorii so znacheniyem zhenskosti v russkom yazyke)*. Saratov. Recuperado de <https://www.sgu.ru/sites/default/files/dissnews/old/synopsis/Kirtepe_0.pdf?ysclid=l5qlw4iog651041939>.

LAKOFF, Dzh. (1988). «Myshleniye v zerkale klassifikatorov». En *Novoye v zarubezhnoj lingvistike*, XXIII. Moscu: Progress, pp. 12-52.

LANGACKER, R.W. (1992). *Kognitivnaya grammatika*. Moskva: INION.

LIHACHEV, D.S. (1997). «Konceptosfera russkogo yazyka». En *Russkaya slovesnost: ot teorii slovesnosti k strukture teksta*. Moskva, pp. 280–287.

LYASHEVSKAYA, O.N.; SHAROV, S.A. (2009). *Chastotnyj slovar sovremennogo russkogo yazyka (na materialah Nacionalnogo korpusa russkogo yazyka)*. Moskva: Azbukovnik.

LUK, A.N. (1972). *Emocii i chuvstva*. Moskva: Znanie.

LYUBIMOVA, O.Yu. (2021). *Metaforicheskaya konceptualizaciya emocionalnogo sostoyaniya "gnev" (na materiale anglijskogo i russkogo yazykov)*. Moskva.

MALYSHEVA, N.A. (2015). «Lingvokognitivnaya specifika emocionalnykh konceptov "radost – schastiye"». En *Innovacionnaya nauka*, 11(2), pp. 236-240.

MARKINA, M.V. (2003). *Lingvokulturologicheskaya specifika emocionalnogo koncepta gnev v russkoj i anglijskoj yazykovyh kartinah mira*. Tambov.

MASLOVA, V.A. (2008). *Vvedenie v kognitivnuyu lingvistiku*. Moskva: Flinta.

MEDVEDEVA, T.S. (2009). «K voprosu o sopostavlenii lingvokulturnyh konceptov». En *Vestnik Udmurtskogo universiteta. Seriya "Istoriya i filologiya"*, 1, pp. 120-132.

MIKHAJLOVA, E.A. (2010). «Emociya udivleniya i sposoby ee otrazheniya v sovremennom russkom yazyke». En *Nauka i sovremennost*, 5 (3), pp. 52-56.

MILKEVICH, E.S. (1996). *Slovoobrazovatelnoye pole otglagolnyh sushhestvitelnyh v sovremennom anglijskom yazyke*. Pyatigorsk. Recuperado de <https://search.rsl.ru/ru/record/0100011 4473?ysclid=l5qlzf4hak247371028>.

MINIYAROVA, I.M. (2010). «Kognitivnyj analiz slovoobrazovatelnyh gnezd». En *Vestnik Bashkirskogo gosudarstvennogo universiteta, 3*, pp. 984-986.

MINSKIJ, M. (1979). *Frejmy dlya predstavleniya znanij*. Moskva: Energiya.

MULLAGAYANOVA, G.S.; DAVYDANOVA, K. (2018). «Koncept *radost/joy* v russkoj i anglijskoj kulturah». En *Sankt-Peterburgskij obrazovatelnyj vestnik*, 9-10 (25-26), pp. 13-17.

MURUGOVA, E.V. (2007). *Vzaimodejstviye chastej rechi i sposobov obrazovaniya v ligvokreativnoj dejatelnosti cheloveka (na materiale sovremennogo anglijskogo yazyka)*. Recuperado de <https://www.dissercat.com/content/vzaimodeistvie-chastei-rechi-i-sposobov-ikh-obrazovaniya-v-lingvokreativnoi-deyatelnosti-che?ysclid=l5dry8rx uv431602932>.

NAZARI, F.T. (2021). «Vozvratnye glagoly v russkom yazyke i ih aspekty». En *Baltijskij gumanitarnyj zhurnal*, 10 (2 (35)), pp. 306-308.

NEVZOROVA, S.V.; VOLOSTNYKH, I.A. (2009). «Verbalizaciya koncepta "toska" v russkom i francuzskom yazykah (leksikograficheskij analiz nominantov)». En *Filologicheskie nauki. Voprosy teorii i praktiki*, 2(4), pp. 197-200.

NIKOLAEV, G.A. (1987). *Russkoye istoricheskoye slovoobrazovaniye*. Kazan.

NIZHELSKAYA, Yu.A. (2003). *Strukturno-semanticheskaya i jetimologicheskaya harakteristika slovoobrazovatelnogo polya glagolov amerikanskogo varianta sovremennogo anglijskogo yazyka*. Pyatigorsk, Recuperado de <https://search.rsl.ru/ru/record/0100265504 3?ysclid=l5qm3bvvs831387927>.

NOVITSKAYA, T.A. (2007). «Frazeologicheskiye sredstva verbalizacii emocionalnogo koncepta "strakh" v yazyke». En *Vestnik Chelyabinskogo gosudartsvennogo universiteta*, 22, pp. 107 – 111.

OSADCHIY, M. N. (2007). *Propozicionalnofrejmovoye modelirovaniye gnezda odnokorennyh slov (na materiale russkih narodnyh govorov)*. Kemerovo. Recuperado de <https://www.dissercat.com/content/propozitsionalno-freimovoe-modelirovanie-gnezda-odnokorennykh-slov-na-materiale-russkikh-nar?ysclid=l5ds 18kyl0657596765>.

OZHEGOV, S.I. (1999). *Slovar russkogo yazyka*. Moskva: Russkij yazyk.

POTAPOVA, O.E. (2020). *Verbalnaya reprezentaciya koncepta. Leksiko-semanticheskoye pole kak fragment yazykovoj kartiny mira (na materiale LSP "more")*. Cheboksary.

PIMENOVA, M.V. (2004). *Dusha i dukh: osobennosti konceptualizacii*. Kemerovo Grafika.

— (2007). Koncept serdce: Obraz. Ponyatiye. Simvol. Kemerovo.

POGREBNAYA, I.F. (1998). *Slovoobrazovatelnoye pole prilagatelnyh v sovremennom anglijskom yazyke*. Pyatigorsk, Recuperado de <https://www.dissercat.com/content/slovoobrazovatelnoe-pole-prilagatelnykh-v-sovremennom-angliiskom-yazyke?ysclid=l5qm7xknou360412031>.

POKROVSKAYA, O.V. (2008). *Yazykovoj obraz cheloveka v sinonimicheskikh reprezentaciyakh: opyt razrabotki chastnoj teorii: na materiale russkogo i anglijskogo yazykov*. Kemerovo.

Popova, Z.D.; Sternin, I.A. (1999). Ponyatiye "koncept" v lingvisticheskih issledovaniyah. Voronezh.

— (2007). *Kognitivnaja lingvistika*. Moskva: AST: Vostok – Zapad.

Revzina, O.G. (1969). *Struktura slovoobrazovatelnyh polej v slavyanskih yazykah*. Moskva.

Sandutsa, A.A. (2017). *Aktivnye processy v russkom slovoobrazovanii XVIII veka (na materiale pamyatnikov yumenskoj delovoj pismennosti 1762-1796)*. Ekaterinburgo. Recuperado de <https://elar.urfu.ru/bitstream/10995/47081/1/urgu1675.pdf?ysclid=l5qjdyd7u654847006>.

Sanina, M.B. (2009). «K voprosu ob issledovanii koncepta "vneshnost". Filologicheskiye nauki». En *Voprosy teorii i praktiki,* 1(3), pp. 177-179.

Savinova, I.V. (2011). *Imena konceptov emocionalnykh sostoyanij (na materiale anglijskogo i russkogo yazykov)*.Volgograd.

Semenov, A.V. (2003). *Etimologicheskij slovar' russkogo yazyka*. Seriya "Russkij yazyk ot A do Ya". Moskva. Recuperado de <https://leundefinedicography.online/etymology/semyonov/>.

Serebrennikov, B.A. (2008). *Rol chelovecheskogo faktora v yazyke. Yazyk i myshleniye*. Moskva: Nauka.

Sergienko, N.A.; Gramma, D.V. (2019). «Lingvomentalnaya subsfera pechal v naivnyh yazykovyh kartinah mira predstavitelej russkoj, ukrainskoj, britanskoj i amerikanskoj lingvokultur: rezultaty psiholingvisticheskogo eksperimenta». En *Aktualnye problemy filologii i pedagogicheskoj lingvistiki*, 1, pp. 77-84.

Shabalina, A.N. (2008). *Propozicionalno-frejmovaya organizaciya fragmentov gnezd odnokorennyh slov, opisyvayushchih sferu torgovli*. Kemerovo. Recuperado de <https://new-disser.ru/_avtoreferats/01004238484.pdf?ysclid=l5ds4f3daj598999510>.

Shakhovsky, V. I. (2010). Emocii: *Dolnngvistika, lingvistika, lingvokulturologiya*. M.: Knizhnyj dom "LIBROKOM".

Shakar, R. (2016). «Osobennosti realizacii slovoobrazovatelnogo polya odushevlyonnosti v russkom yazyke nachala XXI veka».

En *Filologicheskiye nauki. Voprosy teorii i praktiki*, 63: 189-193.

Shansky, N.M. (2004). *Etimologicheskij onlain-slovar russkogo yazyka*. Recuperado de <https://lexicography.online/etymology/shansky>.

Sirotkina, I.V. (2012). «Nacionalno-kulturnye osobennosti reprezentacii emocii "pechal" frazeologicheskimi sredstvami v russkoj i anglijskoj lingvokulturah». En *Vestnik Chelyabinskogo gosudarstvennogo universiteta*, 5 (259), pp. 147-151.

Slovar Akademii Rossijskoj (1789-1794). Recuperado de <http://dic.feb-web.ru/rusdict/search/search.htm>.

Slovar cerkovno-slavyanskogo i russkogo yazyka (1847). Recuperado de <http://dic.feb-web.ru/rusdict/search/search.htm>.

Slovar russkogo yazyka XI-XVII vv. (2008). Moskva: Nauka.

Smolyanko, Yu. V. (2010). «Konceptualnaya metafora kak odno iz sredstv predstavleniya emocii gneva v hudozhestvennom tekste». En *Vestnik Irkutskogo gosudarstvennogo lingvisticheskogo universiteta*, 3 (11), pp. 175-181.

Snetkova, E.A. (2012). «Problema definicii konceptov grust, pechal». En *Vestnik Leningradskogo gosudarstvennogo universiteta*, 1 (4), pp. 134-138.

Soriano-Salinas, C. (2016). «El lenguaje de emosciones». En M.C. Horno Chéliz; I. Ibarretxe Antuñano; J.L. Mendívil Giró (Ed.). *Panorama actual de la ciencia del lenguaje*. Zaragoza: Prensas de la Universidad de Zaragoza, pp. 243-259.

Sreznevsky, I.I. (2003). *Materialy dlya slovarya drevnerusskogo yazyka po pismennym pamyatnikam: v 3-h tomah*. Moskva.

Staroslavyanskij slovar (po rukopisyam X-XI vekov) (1994). Moskva.

Stepanov, Ju.S. (2001). *Konstanty: Slovar russkoj kultury*. Moskva: Akademicheskij proekt.

Sternin, I.A. (2001). «Metodika issledovaniya struktury koncepta». En *Metodologicheskiye problemy kognitivnoj lingvistiki*. Voronezh: Voronezhskij gosudarstvennyj universitet, pp. 58-65.

Tihonov, A.N. (2003). *Slovoobrazovatelnyj slovar russkogo yazyka*. Moskva: Russkij yazyk.

Tokareva, E.N. (2005). *Specifika vyrazheniya ocenki v gendernom diskurse (na materiale sovremennogo anglijskogo yazyka)*. Ufa.

Tracy, J.L.; Randles, D. (2011). «Four Models of Basic Emotions: A Review of Ekman and Cordaro, Izard, Levenson, and Panksepp and Watt». En *Emotion Review, 3*(4), pp. 397–405. <https://doi.org/10.1177/1754073911410747>.

Ushakov, D.N. (1940).*Tolkovyj slovar russkogo yazyka*. Recuperado de <https://dic.academic.ru/contents.nsf/ushakov>.

Uspensky L.V. *Etimologicheskij shkolnyj slovar online*. Recuperado de <https://lexicography.online/etymology/uspensky>.

Vendina, T.I. (1998). *Russkaya yazykovaya kartina mira skvoz prizmu slovoobrazovaniya (makrokosm)*. Moskva: Indrik.

Veselaya, E.V. (2004). *Kompleksnoye slovoobrazovatelnoe pole sobstvenno anglijskih glagolov kak osnovnaya chast kompleksnogo slovoobrazovatelnogo polya glagolov v sovremennom anglijskom yazyke (na osnove analiza slovarya Concise Oxford English Dictionary, 11thED*. Rostov-na-Donu. Recuperado de <https://www.dissercat.com/content/slovoobrazovatelnoe-pole-glagolov-v-sovremennom-angliiskom-yazyke-etimologicheskii-i-struktu?ysclid=l5qhonecqb622634854>.

Wierzbicka, A. (1997). *Yazyk. Kultura. Poznaniye*. Moskva: "Russkie slovari".

— (2001). *Ponimanie kultur cherez posredstvo klyuchevykh slov*. Moskva: Yazyki slavyanskoj kultury.

Volostnykh, I.A. (2007). *Emocionalnye koncepty "strah" i "pechal" v russkoj i francuzskoj yazykovyh kartinah mira (lingvokulturologicheskij aspekt)*. Universidad Estatal de Kuban. Recuperado de <https://new-disser.ru/_avtoreferats/01003309060.pdf?ysclid=l5drai1ef2702884872>.

Vorkachev, S.G. (2001). «Lingvokulturologiya, yazykovaya lichnost, koncept: stanovleniye antropocentricheskoj paradigmy v yazykoznanii». En *Filologicheskiye nauki*. 1, pp. 64-72.

Vorkachev, S.G. (2002). *Koncept schastya v russkom yazykovom soznanii: opyt lingvokulturologicheskogo analiza*. Krasnodar.

Votyakova, I.A. (2011). Slovoobrazovatelnyj aspekt v analize koncepta "radost" na materiale russkogo i ispanskogo yazykov)». En *Vestnik Udmurtskogo universiteta. Seriya Istorija i filologija*, 2, pp. 53-58.

— (2012). «Izucheniye sinonimichnyh svazej slovoobrazovatelnoj reprezentacii conceptov (na primere concepta pechal)». En *Vestnik Udmurtskogo universiteta. Seriya Istoriya i filologiya*, 4, pp. 136-139.

— (2014). «Koncept strah v russkom yazyke». En *Vestnik Udmurtskogo universiteta. Seriya Istoriya i filologiya*, 4, pp. 179-183.

— (2015). «O koncepte "udivleniye" v russkoj yazykovoj kartine mira». En *Vestnik Udmurtskogo universiteta. Seriya Istoriya i filologiya*, 25, pp. 120-124.

— (2016). «Slovoobrazovatelnoye pole cocepta "gnev"». En *Vestnik Udmurtskogo universiteta. Seriya Istoriya i filologiya*, 26, pp. 46-49.

Votyakova, I.A.; Kilina, L.F. (2017). «Slovoobrazovatelnoye gnezdo kak sposob reprezentacii koncepta "strah" v russkom yazyke». En *Rusistika i sovremennost. Starye voprosy, novye otvety*. Katowicy, pp. 341-354

Yao Zhun (2019). «Koncept "pechal" v russkom yazykovom soznanii (na fone sravneniya s kitajskim konceptom)». En *Gumanitarnyj vektor*, 14 (1), pp. 13-19.

Zaharova, T. V.; Scherbina, V. E. (2013). «K voprosu o metodike lingvokognitivnyh issledovanij». En *Vestnik Yuzhno-Uralskogo gosudarstvennogo gumanitarno-pedagogicheskogo universiteta*, 9, pp. 222-230.

Zaliznyak, A.A.; Levontina, I.B.; Shmelev, A.D. (2005). *Klyuchevye idei russkoj yazykovoj kartiny mira*. Moskva: Yazyki slavyanskoj kultury.

Zenkov, G.S. (1969). *Voprosy teorii slovoobrazovaniya*. Frunze: Kirgizskij gosudarstvennyj universitet.

colección

INTERLINGUA

Director: PEDRO SAN GINÉS AGUILAR • ANA BELÉN MARTÍNEZ LÓPEZ

306 LA TERMINOLOGÍA ANATÓMICA INGLÉS-ESPAÑOL-LATÍN
Jiménez Gutiérrez, Isabel

307 LA VISIBILIDAD DEL TRADUCTOR EN LOS TRATADOS DE AGRI-
CULTURA, AGRONOMÍA, VITICULTURA Y VINIFICACIÓN (1773-1990)
Álvarez Jurado, Manuela

308 SCAFFOLDING: CÚANDO, CÓMO Y PORQUÉ USARLO EN EL AULA
DE ESPAÑOL COMO LENGUA EXTRANJERA
López Medina, Beatriz

309 CURSO PRÁCTICO DE TRADUCCIÓN LEGAL. VOLUMEN II. ESPA-
ÑOL/ÁRABE
Saad Mohamed Saad-Helal

310 RELEVANCIA Y TRADUCCIÓN
Iliescu Gheoighiu, Catalina

311 CÓDIGOS AMBIGUOS
Arregui Barragán, Natalia (dir.)

312 EDUCACIÓN SOBRE ALFABETIZACIÓN VISUAL Y COMUNICA-
CIÓN DIGITAL
Domínguez, E.; Bobkina, J.; Herrero, C.; Stefanova, S.; Vanderschelden, I. (eds.)

313 QUADERNO DI ESERCIZI DI CONSECUTIVA PROGRESSIVA IN
ITALIANO
CUADERNOS DE EJERCICIOS DE CONSECUTIVA PROGRESIVA EN
ESPAÑOL
Pérez Fernández, A.M.ª; Graziani, Ch.; Spadazzi, L.; de Palma, R.; Boldri, A.

314 EL ESPAÑOL DEL SIGLO XIX EN TEXTOS IMPRESOS Y MANUS-
CRITOS
Carrasco Cantos, Inés (coord.)

315 TECNOLOGÍAS APLICADAS A LA TRADUCCIÓN Y AL APRENDI-
ZAJE DE LENGUAS
Calvo Ferrer, José Ramón; Torres Outón, Sara M.ª (eds.)

316 UNIVERSALIDAD Y MULTIVERSALIDAD EN LITERATURA, LEN-
GUA Y TRADUCCIÓN
López Vigo, Rebeca Cristina (coord.)

317 INVESTIGAR EN DIDÁCTICA DE LA TRADUCCIÓN
Gregorio Cano, Ana

318 LENGUAJE CLARO Y TECNOLOGÍA EN LA ADMINISTRACIÓN
Da Cunha Fanego, Iria (ed.)

319 LA TRADUCCIÓN DE LA NO FICCIÓN LITERARIA
Santana López, Belén (dir.)

320 TRADUCCIÓN LITERARIA Y GÉNERO
Álvarez Sánchez, Patricia (ed.)

321 EL COMENTARIO LINGÜÍSTICO-TRADUCTOLÓGICO ENTRE
LENGUAS TIPOLÓGICAMENTE AFINES (ESPAÑOL/ITALIANO)
Trovato, Giuseppe

322 LA REDACCIÓN ACADÉMICA EN FRANCÉS Y ESPAÑOL
Macías Otón, Elena; Abraham, Marine

323 MIGRACIÓN Y LENGUAS EN ANDALUCÍA
Rodríguez Muñoz, M.ª Luisa (ed.)

324 EL PRÉSTAMO COMO PROCEDIMIENTO DE ACTUALIZACIÓN
LÉXICA
García Palacios, Joaquín (dir.)

325 INVESTIGACIÓN E INNOVACIÓN EN LA ENSEÑANZA/APRENDI-
ZAJE DE LENGUAS EXTRANJERAS
Cuéllar Lázaro, Carmen (ed.)

326 POUR UN CHANGEMENT DANS LA DESCRIPTION DE LA MOR-
PHOLOGIE DES VERBES EN FRANÇAIS
Suso López, Javier (coord.)

327 (RE)CREADORAS. UNA MIRADA SOBRE LA ESCRITURA Y LA TRA-
DUCCIÓN DESDE EL SIGLO XXI
Atalaya Fernández, Irene; Lojo Tizón, M.ª del Carmen; Travieso Ganaza, Merce-
des (eds.)

328 53 *TERMINOCKIANOS*. TERMINOLOGÍA *HITCHCOCKIANA*: UNA PELÍCULA, UN TÉRMINO CLAVE… O NO
Contreras Blanco, Fernando

329 MUJERES Y DOCUMENTOS: CLAVES PARA EL ANÁLISIS DE LA PROTECCIÓN DE LA MUJER EN LA HISTORIA
Marchant Rivera, Alicia (coord.)

330 REPRESENTACIONES DE LO FANTÁSTICO Y SU DEFINICIÓN EN LA NARRATIVA
Hirte, Ricarda

331 LOCALIZACIÓN PARA LINGÜISTAS Y TRADUCTORES
López Rodríguez, Clara Inés

332 LA OBRA DE ORONCE FINÉ EN ESPAÑOL
Sánchez Martín, Francisco Javier

333 FORMAS FLUIDAS
Redondo Olmedilla, José Carlos

334 MUJERES Y AUTOESCRITURAS: RECREACIONES LITERARIAS EN PRIMERA PERSONA
Velázquez García, Sara; Diego Sánchez, Jorge (eds.)

335 NOTAS SOBRE ENSEÑANZA, DISCAPACIDAD AUDITIVA Y TRADUCCIÓN ACCESIBLE
Ávila Ramírez, Rocío

336 DANTE ALIGUIERI EN ESPAÑA
Caprara, Giovanni; Datteroni, Silvia (eds.)

337 TRADUCCIÓN Y PARATRADUCCIÓN DEL ODIO
Schurster, Karl; Ferreiro Vázquez, Óscar

338 ENSEÑANZA DE LENGUAS SOCIAL Y CULTURALMENTE RESPONSABLE
Palacios Hidalgo, Francisco Javier

339 SE HACE CAMINO AL ANDAR
Bautista Naranjo, Esther; Morales Peco, Montserrat (eds.)

340 VULNERABILIDAD Y TRAUMA TECNOLÓGICO EN LA NARRATIVA DE KURT VONNEGUT
Martín Párraga, Javier

341 OSER ÉCRIRE
Aubry, Anne

342 DISPOSITIVOS MÓVILES Y SEGUNDAS LENGUAS
Andújar Vaca, Alberto

343 LA TRADUCCIÓN AUDIOVISUAL A TRAVÉS DE LA TRADUCCIÓN AUTOMÁTICA Y LA POSEDICIÓN
Mejías-Climent, Laura; De los Reyes Lozano, Julio (eds.)

344 LA TRADUCCIÓN MÉDICO-SANITARIA
Muñoz Miquel, Ana

345 ESTUDIOS LINGÜÍSTICOS EN TORNO AL PAPEL DE LAS MUJERES TRADUCTORAS EN LA HISTORIA
González Fernández, Adela (coord.)

346 LA INTERPRETACIÓN BILATERAL
Torres Díaz, M.ª Gracia

347 NUEVOS AVANCES EN TORNO A LA TRADUCCIÓN HUMANÍSTICA
Adrade Rafael, Cristina; Zarandona Fernández, Juan Miguel (coords.)

348 CERCANÍA EN LA DISTANCIA E INTERCAMBIO VIRTUAL
Pérez Porras, Ana; Ramírez Sáinz, Laura (eds.)

349 REFLEXIONES SOBRE ÉTICA PROFESIONAL DE TRADUCTORES E INTÉRPRETES Y BUENAS PRÁCTICAS
Bourne, Julian; Fernández Sánchez, M.ª Manuela; Gutiérrez Artacho, Juncal; Portnova, Tatiana; Pradas Macías, E. Macarena; Quero Gervilla, Enrique (eds.)

350 ARMAMENTO MEDIEVAL INGLÉS (1100-1500)
Poveda Balbuena, Miguel Luis; Belda Medina, José

351 EL ANDALUZ Y SU PRESTIGIO
Cruz Ortiz, Rocío; Santana Marrero, Juana; Santos Díaz, Inmaculada Clotilde (eds.)

352 POLÍTICA LINGÜÍSTICA Y MULTILINGÜISMO
Valero Garcés, Carmen; Rodríguez Ortega, Nadia (eds.)

353 PALABRAS QUE NACEN Y TRANSFORMAN
Santamaría Pérez, M.ª Isabel

354 LA EMOCIÓN EN LOS TEXTOS ESPECIALIZADOS
Orts Llopis, M.ª Ángeles

355 MIGRACIÓN, REFUGIO Y ASILO
Aguilar Camacho, M.ª Carmen (ed.)

356 LA TRADUCCIÓN DEL ETIQUETADO VITIVINÍCOLA
Policastro Ponce, Gisella

357 EL FOMENTO DE LAS CREENCIAS DE AUTOEFICACIA EN LA FORMACIÓN DE TRADUCTORES
Haro Soler, M.ª del Mar

358 POSITIVE IMPACTS OF MALL (MOBILE ASSISTED LANGUAGE LEARNING)
Arrosagaray Auzqui, Marcelino; Sedano Cuevas, Beatriz; Sanz Gil, Mercedes (eds.)

359 MUJERES Y POLÍTICA: VISIONES INTERCULTURALES DESDE LA HISTORIA, EL ARTE Y LA LINGÜÍSTICA
Ramos Rovi, M.ª José; Calero Vaquera, M.ª Luisa; García Ramos, M.ª Dolores (eds.)

360 LA TRADUCCIÓN Y LA INTERPRETACIÓN COMO CLAVES EN LA PROTECCIÓN DE LOS DERECHOS LINGÜÍSTICOS DE LAS COMUNIDADES INDÍGENAS
Kleinert, Cristina V.; Monzó-Nebot, Esther; Tasa Fuster, Vicenta (eds.)

361 ARGUMENTATION, COMMUNICATION, OUTILS NUMÉRIQUES ET TRANSFERT DE CONNAISSANCES
Gil Casadomet, Aránzazu; Tordesillas Colado, Marta (eds.)

362 LOS SONETOS AMOROSOS DE AMADIS JAMYN, DISCÍPULO DE RONSARD
Aceituno Martínez, Eduardo

363 EL SILENCIO EN LA COMUNICACIÓN MULTIMODAL EN ESPAÑOL
Méndez Guerrero, Beatriz

364 STRUCTURAL FIXEDNESS AND CONCEPTUAL IDIOMATICITY
Pamies, Antonio; Ayupova, Roza; Lei, Chunyi (eds.)

365 LAS VARIEDADES DEL ESPAÑOL EN LA TRADUCCIÓN EDITORIAL Y AUDIOVISUAL
Hernández Guerrero, M.ª José; Marín Hernández, David; Rodríguez Espinosa, Marcos (eds.)

366 LOS CONCEPTOS EMOCIONALES DE LA LENGUA RUSA
Votyakova Chubukova, Irina